DIEU ?

Des mêmes auteurs

MICHEL ONFRAY

Dans la collection « Bouquins »

La Danse des simulacres. Une philosophie du goût, 2019
Vies philosophiques, 2021
« Avec Michel Onfray, à bâtons rompus »,
préface à Lucrèce, *La Naissance des choses*,
Bernard Combeaud (éd.), 2022

Aux éditions Robert Laffont

Le Deuil de la mélancolie, 2016
Théorie de la dictature, 2019
Le Temps de l'étoile polaire. Journal hédoniste, 2019
La Vengeance du pangolin, 2020
Vies parallèles. De Gaulle et Mitterrand, 2020

Aux éditions Bouquins

La Nef des fous I et *II*, 2021, 2022
L'Art d'être français, 2021
La Conversion. Vivre selon Lucrèce, 2021
La Gauche réfractaire, avec Éric Naulleau, 2022
Puissance et décadence, 2022

MICHAËL AZOULAY

Éthiques du judaïsme, La Maison d'édition, 2019
Le monde qui vient. Sagesse juive en temps d'incertitude,
Salvator, 2021

MICHEL ONFRAY
MICHAËL AZOULAY

DIEU ?

Le philosophe & le rabbin

BOUQUINS

essai

92, avenue de France 75013 Paris
ISBN : 978-2-38292-224-8
Dépôt légal : novembre 2022

À Myriam Illouz, sans qui ce Dieu ?
n'aurait pas existé
M.O.

À Yaron, mon espiègle geek.
M. A.

LE RABBIN & LE PHILOSOPHE

Un tapis de prière philosophique profane

Michel Onfray

Le judéo-chrétien sans Dieu que je suis ne serait pas ce qu'il est sans le judaïsme. Je ne parle pas d'ascendance génétique juive, bien qu'elle soit avérée dans mon arbre généalogique, mais de pensée. J'eus un jour une conversation avec un Juif communiste passé au socialisme libéral, qui, de fait, fut moins une conversation qu'une éructation : il m'interdisait d'utiliser le concept « judéo-chrétien » en affirmant que c'était une fiction. Il est vrai que son père juif s'était converti au catholicisme dans les années 1930 et que la véhémence du fils semblait s'enraciner dans cette conversion paternelle initiant la déconversion filiale. La question sous-jacente était : « Quand est-on juif ? » Cette interrogation reçoit souvent pour réponse qu'il n'y a guère de réponse en dehors de cette réponse. Un sérieux jeu de l'esprit agité du fameux mouvement talmudique, un peu du pilpoul ashkénaze...

Quel philosophe juif ne s'est pas essayé à cette question ? La réponse la plus simple est dans l'antique adage : est juif quiconque naît d'une mère juive. Un père juif et une mère qui ne l'est pas effacent la judéité, car on est sûr d'une mère, neuf mois de gestation constituent une preuve irréfutable, mais pas toujours du père, du moins tant que la génétique ne l'atteste pas.

Pour répondre à cette question, « Qui est juif ? » ou bien : « Quand l'est-on ? », peut-être faut-il proposer un changement de perspective et se demander : « Qui est antisémite ? » ou bien : « Quand l'est-on ? », sinon : « Comment peut-on l'être ? » et : « Comment l'est-on ? »

Car il existe dans la France d'aujourd'hui une singulière façon d'attaquer les Juifs sous couvert de leur défense ! Un genre de ruse de la raison antisémite qui permet de détester les Juifs, mais pas frontalement comme hier un catholique d'avant Vatican II sous prétexte qu'ils constituaient un peuple déicide ou, aujourd'hui, un islamo-gauchiste sous prétexte que ce serait un peuple détenteur et acteur majeur du capital. C'est un antisémitisme dissimilé sous des oripeaux philosémites.

Il me semble par exemple que les *Réflexions sur la question juive* de Sartre ne manquent pas de fleurer légèrement l'antisémitisme étant donné *sa négation de l'existence historique du peuple juif*. On connaît la thèse du philosophe qui ne fut guère résistant – c'est une litote – et qui soutint le terrorisme palestinien dans *La Cause du peuple* le 15 octobre 1972 avant, à la fin de sa vie délitée, de finir philosémite avec une ardeur qui, comme souvent, fonctionne en paravent d'un antisémitisme ainsi puissamment contenu : le Juif n'a pas d'existence propre, il est une création, une créature de l'antisémite ! En 1946, dans le souffle noir de la libération des camps nazis donc, cette thèse aurait dû paraître scandaleuse, elle ne le fut pas. Presque trois millénaires d'histoire du peuple juif passaient ainsi à la trappe, on ne peut mieux faire pour effacer les Juifs de l'histoire du monde qu'en les privant ainsi de la totalité de leur histoire... Mais, comme ce forfait fut commis à Saint-Germain-des-Prés avec une rouerie de normalien, la pilule fut avalée.

Il existe une deuxième façon d'être antisémite qui consiste à *instrumentaliser la Shoah* en se juchant sur les cendres d'Auschwitz pour désigner comme fasciste, antisémite, pétainiste, nazi un opposant politique qui n'a pas pour projet d'attaquer les Juifs, de détruire la démocratie, de mettre à bas la république, d'instaurer la violence insurrectionnelle des rues comme accoucheuse de l'Histoire contre le processus électif.

Comment, sinon, expliquer que le candidat Emmanuel Macron – qui sait, au soir du premier tour de l'élection présidentielle de 2017 qui l'oppose à Marine Le Pen, qu'il sera élu une dizaine de jours plus tard – puisse se rendre à Oradour-sur-Glane puis, à quelques jours de là, au musée-mémorial de la Shoah sans entraîner – bien au contraire – un vaste mouvement de protestation de la part de Juifs qui auraient pu exiger qu'on ne joue pas avec leurs âmes dans les camps et qu'on les laisse reposer en paix ? Car, si une candidate qu'on laisse se présenter aux présidentielles est à la fois la division Das Reich et les camps de la mort nazis, alors ceux qui acceptent qu'elle soit candidate se font les alliés objectifs des nazis ; et si elle ne l'est pas, ils sont coupables d'instrumentaliser la mort de six millions de Juifs. Dans les deux cas, ils se servent des Juifs mais ne les servent pas, ils les desservent même puissamment.

Une troisième façon d'être antisémite, qui illustre en basse continue l'une des modalités du Juif antisémite[1], consiste à *séparer le monde en deux : les Juifs et les antisémites*, ce qui laisse peu de chances au goy, quoi qu'il soit, quoi qu'il dise, quoi qu'il pense. On ne se remet pas de l'accusation d'être antisémite, le mot devenu insulte s'avère une arme de destruction massive de l'adversaire[2].

1. On sait que Marx, bien que juif, fut antisémite dans *Sur la question juive* (1843) – lire le livre définitif de Robert Misrahi, *Marx et la question juive*, paru en 1972, l'année de la prise d'otage de Septembre noir. Voir également *Sexe et caractère* (1903) du juif converti Otto Weininger. Ou bien *La Haine de soi. Le refus d'être juif* (1930) de Theodor Lessing.

2. Pour avoir documenté un livre sur Freud qui, textes et citations à l'appui, me permettait d'analyser l'imposture de la psychanalyse en citant des lettres de Freud lui-même, de préciser qu'il avait offert et dédicacé à Mussolini *Pourquoi la guerre ?* – un texte de lui qui explique que, la pulsion de mort étant naturelle en l'homme, il fallait un État fort et un homme fort

Il faut bien que la raison et les arguments fassent défaut à une personne qui, dissimulée derrière le peuple juif, traite d'antisémite quelqu'un qui ne l'est pas, et ce pour instrumentaliser l'hitlérisme à des fins polémiques. Or, quand le fascisme est partout, il n'est plus nulle part ; quand le nazisme est partout, surtout là où il n'est pas, il n'est plus nulle part ; quand l'antisémitisme est partout, y compris chez les amis sionistes des Juifs, dont je suis, alors l'antisémitisme n'est plus nulle part et, pire, il n'y a plus d'antisémitisme, ce qui réjouit les antisémites qui peuvent ainsi s'en donner à cœur joie. Voilà comment le négationnisme progresse en se faisant d'étranges amis juifs...

Voilà pourquoi et comment, quand on estime que les Juifs n'existent nulle part ailleurs que dans

---

pour la contraindre –, qu'il avait célébré le régime austro-fasciste du chancelier Dollfuss, qu'il avait écrit et publié du mal du marxisme-léninisme mais rien contre le régime national-socialiste, qu'il avait laissé Ludwig Binswanger négocier avec les nazis pour que la psychanalyse ne soit pas interdite en régime hitlérien ; pour avoir écrit cela, j'ai subi une campagne de presse massive dont l'argument majeur était que j'avais publié un livre antisémite, ce qui m'a valu une mauvaise réputation qui dure encore chez certains... À l'origine de cette campagne de presse Élisabeth Roudinesco qui déchaîna sa haine contre moi dans un livre intitulé... *Mais pourquoi tant de haine ?* (2010.) En effet, on peut se poser la question ! Parlant d'expérience, elle y répond probablement dans *La Part obscure de nous-mêmes. Une histoire des pervers* (2007). J'avoue ne l'avoir pas lu... Dans *Retour sur la question juive* (2009), la même Élisabeth Roudinesco se demande « comment expliquer la multiplication, depuis dix ans, des procès intellectuels et littéraires en antisémitisme ». En effet, bonne question !

le cerveau des détraqués, quand on instrumentalise la mémoire des six millions de Juifs gazés, quand on voit des antisémites là où ils ne sont pas, on permet de ne pas voir les antisémites véritables là où ils sont, de ne plus les voir. D'où le succès aujourd'hui de la haine des Juifs dans les banlieues, qui sont autant de territoires perdus de la République, de l'antisémitisme de gauche et de l'islamo-gauchisme qui prospèrent sur ce fumier.

Les Juifs ne sont pas ceux qui ont rendu possible la mort de Jésus (qui, pour moi, n'a jamais existé historiquement...) comme l'ont clamé les chrétiens pendant plus de mille ans ; ils ne sont pas non plus ceux qui se sont travestis dans un christianisme cause de tous les maux comme l'affirment les néopaïens désireux d'édifier des autels et des temples à Gaïa ; pas plus qu'ils ne sont les banquiers riches à qui l'on doit le capitalisme succube qui boit le sang des exploités de la planète entière comme l'a affirmé presque toute la gauche du XIXe siècle ; ils ne sont pas les marionnettistes du monde, *via* Israël pensé comme une succursale des États-Unis, comme il est dit aussi bien chez les islamo-gauchistes, désormais une grande partie de la gauche française réunie sous l'acronyme NUPES, que chez les complotistes pour qui Pasteur est un imposteur.

Avant Platon, ils sont *le peuple qui a appris à lire et à penser au monde entier*. Ils ont écrit la Torah puis, surtout, ensuite, avec le Talmud, ils l'ont commentée et ont commenté les commentaires, et ce de façon infinie. Le judéo-christianisme, quant à lui, en tant que secte juive souscrivant à l'idée que Jésus réalisait le judaïsme, *via* le concile iconoclaste de Hiéra au VIIIe siècle, *rend possible l'art occidental* qui, *via* son perpétuel recours aux énigmatiques allégories néotestamentaires, ajoute au génie herméneutique juif le génie symbolique chrétien.

Cette chrétienté ainsi constituée est en péril. Elle fut le principe vitaliste de la civilisation aujourd'hui attaquée de toute part : de l'extérieur, par bellicisme de civilisation, et de l'intérieur, par haine de soi. La force de qui nous hait vient moins d'elle-même que de la faiblesse de ceux qui travaillent à saper la lecture et ses corrélats obligés l'herméneutique, et l'art qui ne vit que de symboles. Muet devant le livre et l'image, l'Occident entre dans le silence.

Je remercie le rabbin Michaël Azoulay d'avoir accepté de troubler ce silence et de se commettre avec moi dans cet exercice où, Dieu ou pas, Dieu ou non, la trame herméneutique et la chaîne allégorique constituent un tapis de prière philosophique profane.

DIEU, PLUS QU'UNE INTERROGATION RELIGIEUSE

Michaël Azoulay

« Au commencement, Dieu créa le ciel et la terre » (Genèse 1, 1). Un monde dans lequel l'homme est libre de croire au ciel ou de ne croire qu'en la terre. « Et il y eut un soir, il y eut un matin. » En dissimulant son existence aux hommes, Dieu créa l'incrédulité et la foi. Car l'être humain, créé après que tout fut selon le récit de la Genèse, ne put voir le Créateur à l'œuvre. Tout géniteur ne s'expose-t-il pas au risque de se voir un jour renié par sa progéniture ?

Cet échange improbable entre un athée et un croyant est né, d'une certaine manière et paradoxalement, d'un refus de dialoguer. D'une invitation déclinée par Michel Onfray à venir débattre avec moi à Neuilly-sur-Seine, au sein de la communauté juive où j'exerce les fonctions de rabbin depuis 2009. Je souhaitais répondre aux accusations portées dans son *Traité d'athéologie* (2005), avec la verve qu'on lui connaît, contre les religions monothéistes. La première d'entre elles, le judaïsme, n'y était pas épargnée. Lecture d'été, ce livre m'avait de prime abord tant irrité qu'à l'époque j'avais envisagé d'écrire à mon tour un livre en réponse à ses saillies. En définitive, nous fîmes, à distance, le choix d'un dialogue sans concessions en lieu et place d'un soliloque. Mon interlocuteur posa une condition préalable à notre future rencontre : cerner ce qui en serait l'objet, au moyen d'une correspondance par courriels. C'est celle-ci qui a débouché sur cet ouvrage à deux voix (voies ?). En définitive, après avoir décliné ma proposition, Michel Onfray y a répondu au-delà de mes espérances.

Ce n'est qu'après plusieurs années que nous nous sommes rencontrés autour d'un déjeuner avec notre éditeur, Jean-Luc Barré.

Un dialogue peut s'engager dès lors que l'on reconnaît une part de vérité dans le discours de son contradicteur. À la réaction épidermique au manifeste athéologique de Michel Onfray succéda le temps de la réflexion et du constat qu'il existe en effet de nombreux textes bibliques « scandaleux », y compris pour les « croyants intelligents[1] » auxquels j'espère appartenir.

1. Je fais ici allusion à une étude scientifique américaine publiée dans *Personality and Social Psychological Review* en 2013, établissant que les croyants, toutes obédiences confondues, sont en moyenne moins « intelligents » que les personnes athées. Cette étude a suscité une polémique portant sur la définition de l'intelligence retenue par ces scientifiques, alors même qu'il n'y a pas une mais des intelligences.

Cette idée a tellement mûri en moi que j'ai même consacré à certains de ces textes un cycle annuel de leçons de pensée juive afin de les contextualiser tout en actualisant leur portée. Ces deux démarches qui semblent *a priori* contradictoires ne le sont pas pour une religion de la dialectique et de l'interprétation. Comment ne pas s'indigner, pour ne prendre que quelques exemples, que Dieu enjoigne aux Hébreux de perpétrer un génocide contre les Amalécites et les peuplades cananéennes[1] (la « guerre sainte » dénoncée par Michel Onfray dans son *Traité d'athéologie*) ? qu'Il invite les parents à conduire leur « fils rebelle » encore enfant devant un tribunal pour qu'il y soit jugé puis lapidé[2] ? Qu'Il éprouve la foi d'Abraham en lui demandant de sacrifier son fils tant désiré, Isaac[3] ? Et que penser du « terrorisme culturel » encouragé par un Dieu qui ordonne aux Hébreux de détruire toutes les idoles cananéennes au moment de la conquête[4], destruction qui évoque immanquablement celle des Bouddhas de Bâmiyân par les talibans en 2001 ou, plus loin de nous, la christianisation des lieux de culte païens (avec son corollaire, la destruction des « idoles ») au cours de l'histoire ?

---

1. Deutéronome 20, 10-18 et 25, 17-19. Le Livre de Josué relate le massacre des Cananéens et Saül, le premier roi d'Israël, perdra son trône pour ne pas avoir exterminé Amaleq. Cf. 1Samuel, 15.
2. Deutéronome 21, 18-21.
3. Genèse 22, 1-19.
4. Deutéronome 12, 2 et 3.

Disons-le sans détour, face à un sujet aussi clivant que celui de Dieu, cette conversation entre un rabbin et un philosophe ne tenait pas de l'évidence.

L'un de mes maîtres, le regretté professeur Raphaël Draï, s'interrogeait sur « la possibilité même d'une philosophie juive... alors que la *pensée* juive relève plutôt de la catégorie de la théologie tant Dieu y apparaît comme une donnée incontournable ». De surcroît, de nombreux penseurs juifs éminents n'ont-ils pas récusé les philosophes[1] « comme des manipulateurs, irresponsables et irrévérencieux, un tantinet galopins, d'idées qui les dépassent et qui, entre autres, récusent l'existence de Dieu et le principe que l'univers fut créé *ex nihilo*, tout en s'imaginant eux-mêmes auto-engendrés[2] » ? Ne risquait-on pas de verser très rapidement dans un dialogue qui ressemblerait à deux monologues dans lesquels nous serions emmurés ?

Nos controverses démontrent au contraire que deux personnes, précisément lorsqu'elles viennent d'horizons différents, ont beaucoup à se dire.

---

1. Ceux dont la philosophie s'abstrait de Dieu, ce qui, au demeurant, exclut des philosophes parmi les plus éminents tels que Platon, Aristote, Plotin, Descartes, Pascal, Malebranche, Spinoza, Leibniz, Kant, Hegel, Kierkegaard et tant d'autres que l'on ne saurait qualifier de « philosophes sans Dieu ».

2. *Philosophies d'ailleurs*, sous la direction de Roger-Pol Droit, Paris, Hermann, 2009, volume 2, p. 13-14. Ouvrage collectif auquel, avec le professeur Raphaël Draï (1942-2015), j'ai contribué pour les « pensées hébraïques ».

Il suffit, pour s'en convaincre, de lire nos premiers échanges portant sur la question universelle du sens à donner aux maux qui nous atteignent et nous interpellent au plus haut point dans notre humanité.

Opposer radicalement théologie et philosophie, c'est également éluder le paradoxe d'une philosophie *athée* qui est « une philosophie toujours habitée par l'objet qu'elle prétend dissoudre[1] », en l'occurrence Dieu.

En outre, la frontière qui sépare le croyant et l'athée est-elle si infranchissable ?

Un croyant peut-il demeurer indifférent aux questions que se pose l'incroyant ? Les épreuves de la vie parfois extrêmes, les maladies, les injustices quotidiennes, ce que Neher appelle « la réalité théologique du Silence de Dieu[2] », laissent-elles intacte la foi de celui qui s'en réclame, ne l'ébranlent-elles pas ? Un athée ne s'interroge-t-il pas sur le Dieu dont il nie l'existence, ne serait-ce que pour justifier son rejet du divin ? N'est-ce pas le propre de la conscience humaine que d'être en perpétuel mouvement, de croire aujourd'hui en ce en quoi elle doutait hier ? « N'oublie jamais que tu es un voyageur en transit », aimait à dire Edmond Jabès[3]. Abraham est qualifié d'hébreu parce que « hébreu » se dit en hébreu *ivri*

---

1. Cornelio Fabro, *Introduction à l'athéisme moderne,* Sillery (Québec), Anne Sigier, 1999.

2. André Neher, *L'Exil de la parole. Du silence biblique au silence d'Auschwitz,* Paris, Éditions du Seuil, 1970, p. 233.

3. Écrivain et poète juif français, né en 1912 et mort en 1991.

dont la racine, Î-V-R, signifie « passer », « traverser ». L'homme est toujours en chemin, s'invente en permanence. « L'homme se fait de se défaire » (Elie Wiesel).

Michel Onfray est un incroyant convaincu mais il n'est ni un nihiliste ni un relativiste, la spiritualité et les valeurs morales n'étant pas l'apanage des religions[1]. Et il ne manque pas d'arguments solides pour défendre ses convictions.

Il ne s'agissait ni pour l'un ni pour l'autre de chercher à emporter la conviction de son contradicteur – de mon côté, de convertir mon interlocuteur comme le prêtre bernanossien du roman de Beatrix Beck *Léon Morin, prêtre* (1952) incarné par Jean-Paul Belmondo dans l'adaptation cinématographique – mais de lui donner à percevoir une autre manière de penser, de s'ouvrir et de l'ouvrir à l'altérité.

Le judaïsme pose-t-il des limites au dialogue ? Peut-on débattre de tout et avec tous ? L'existence de Dieu peut-elle être questionnée ? Peut-on débattre avec l'*apikoros* (terme venant du grec que l'on peut traduire par « hérétique ») ? À cette dernière question, la tradition orale du judaïsme répond sans ambiguïté par l'apophtegme : « Sache ce qu'il faut répondre à l'*apikoros*[2]. »

1. André Comte-Sponville, *L'Esprit de l'athéisme. Introduction à une spiritualité sans Dieu*, Paris, Albin Michel, 2006.

2. Claude-Annie Gugenheim, *La Michna*, t. 15 : *pirqé avot*, Keren Hasefer ve-Halimoud (fonds de restauration du livre et

Le judaïsme, en son sein comme à l'extérieur, a développé une culture plurimillénaire du débat. Ainsi, dans le Talmud, les sages d'Israël polémiquent avec les Saducéens, les Samaritains, les Nazaréens (judéo-chrétiens du christianisme primitif), les hérétiques, les apostats, les philosophes païens, les idolâtres, les gnostiques et les chrétiens. Et si l'on y trouve aucun débat avec l'islam, c'est parce que le Talmud de Babylone fut achevé au VIe siècle, avant la naissance de la troisième religion monothéiste.

Or, le croyant qui entreprend de réfuter les arguments des incrédules doit nécessairement pénétrer dans leur univers conceptuel. S'il n'est pas solidement ancré dans sa foi, qu'il craigne de la voir vaciller ou s'éteindre, mieux vaut pour lui ne pas engager le débat. Que mon interlocuteur ne m'en tienne pas rigueur, mais il correspond très exactement à la définition de l'*apikoros*, terme que les rabbins employaient pour désigner les disciples d'Épicure qui dévoyèrent sa doctrine. Selon la tradition juive, ce philosophe grec du IVe siècle avant Jésus-Christ reniait la croyance en l'immortalité de l'âme et voyait dans l'hédonisme et la jouissance des plaisirs de la vie le but en ce monde. Dans le Talmud, l'*apikoros* est celui qui n'adhère pas aux croyances fondamentales du judaïsme. On peut être juif et *apikoros* si, par exemple, on ne croit pas à la prophétie et en

de l'enseignement), collection dirigée par M. le rabbin Michel Gugenheim, 1993, p. 66 et 67.

particulier à celle de Moïse, ou si l'on pense que Dieu ne connaît pas les actions des hommes.

De ces échanges qui m'ont évoqué les disputations médiévales, j'ai beaucoup appris, et, en premier lieu, qu'un dialogue exigeant nous contraint à déconstruire les évidences et les tropismes avec lesquels nous vivons. Car nous sommes engoncés dans des certitudes et dans des idées préconçues que nous n'interrogeons plus. Dialoguer en vérité permet de mieux se définir, de mieux saisir ce en quoi on croit ou on ne croit pas. Si la tradition juive privilégie l'étude des textes en groupe[1], c'est parce que la vérité ou plus modestement l'opinion juste jaillit de la contradiction et de la confrontation des idées. Au cours de nos échanges, j'ai souvent été bousculé par les diatribes de mon contradicteur, dérangeant mon confort intellectuel. Les points de désaccord furent nombreux. Mais j'ai aussi souvent souri et même ri de bon cœur en réalisant à quel point ce qui fait l'objet de la foi religieuse peut paraître absurde et ubuesque pour qui ne la partage pas. Il suffit de faire l'effort de se décentrer de soi, d'adopter une position de surplomb.

Ce fut une autre leçon essentielle tirée de ces discussions : on ne naît pas croyant ou athée ; on le devient. *On* nous fait le devenir. Les déterminations

1. Le Talmud, recueil de débats et de discussions, s'étudie préférentiellement en binôme.

sont nombreuses et il faut accepter l'idée que nous ne sommes pas *que* ce que nous avons choisi d'être. L'éducation, le milieu social, des rencontres parfois décisives, les épreuves de la vie nous façonnent, forgent nos représentations du monde.

Être à l'écoute des arguments de celui qui pense différemment de soi peut conduire à un infléchissement de ses opinions, faire vaciller ses certitudes ou plus simplement, mais l'apport est déjà précieux, éclairer d'un nouveau jour ce que l'on sait déjà. Ainsi, par exemple, la lecture critique que fait Michel Onfray des récits d'Adam et Ève et de Job fait apparaître avec encore plus de clarté l'ambivalence de l'attitude de Dieu face à ces figures bibliques et face au mal physique ou moral auquel elles sont confrontées. Si l'autre n'est pas moi, il y a toujours de l'autre en soi, un écho de sa manière d'être et de penser. La maïeutique de Socrate pourrait-elle opérer sans Socrate, sans cette altérité qui s'immisce en la personne qui accouche de la vérité cachée en elle ?

J'aurai également appris que le regard porté sur les questions d'actualité et les sujets de société (dont plusieurs sont abordés dans cet ouvrage) peut converger en dépit des convictions religieuses ou areligieuses. Dieu ne saurait occuper tout l'espace dès lors qu'Il a, en créant l'Univers, laissé place à l'ensemble de ce qui le constitue et à l'homme en particulier, selon la conception anthropocentrique des religions monothéistes.

Témoigner de ma foi à celui qui ne la partage pas en m'attachant à la définir au plus près m'aura permis de réaliser pleinement que la croyance en l'existence de Dieu se montre plus qu'elle ne se démontre. Elle relève du for intérieur et d'une subjectivité qui peuvent faire obstacle à sa communication. Michel Onfray m'aura prouvé que l'absence de foi quant à elle peut être formulée dans une dialectique rigoureuse et cohérente. Mais peut-être est-ce la notion même de foi, en ce qu'elle est consubstantielle au doute, qui échappe à toute velléité de démonstration ?

Selon le dalaï-lama, « l'écoute de l'autre est comme une torche qui chasse l'obscurité de l'ignorance ». Elle chasse surtout la pensée repliée et refermée sur elle-même. L'être humain se définit avant tout comme un être de langage selon le Maharal de Prague (1520 env.-1609)[1], un être dont la parole dialogale le prémunit contre la tentation du solipsisme et de l'autosuffisance.

Sans Myriam Illouz et Joël Dahan, cette rencontre improbable n'aurait peut-être jamais eu lieu. Je tiens ici à les en remercier.

Merci à notre éditeur Jean-Luc Barré pour sa confiance.

1. Yehoudah Loew ben Bezalel de Prague, rabbin, kabbaliste, mathématicien et auteur de nombreux ouvrages.

NOTE SUR LA PRÉSENTE ÉDITION

Tout au long de ce livre, nous nous sommes référés pour l'orthographe des termes hébraïques au *Dictionnaire encyclopédique du judaïsme* publié au Cerf-Robert Laffont en 1996 dans la collection « Bouquins ».

Il existe plusieurs traductions en français du Talmud de Babylone. Nous avons eu recours à la traduction française de la fille adoptive de Jean-Paul Sartre, Arlette Elkaïm-Sartre, auteure de *Aggadoth du Talmud de Babylone. La Source de Jacob 'Ein Yaakov*, publié chez Verdier en 1982 dans la collection « Les dix paroles ».

Dans le Talmud, une page correspond à deux pages recto-verso. Le recto est dénommé folio a, *amoud alef* en hébreu, et le verso, folio b, *amoud bet*.

Les citations bibliques proviennent de la Bible du Rabbinat français, publiée sous la direction de Zadoc Kahn, grand rabbin de France de 1889 à sa mort en 1905.

MICHAËL AZOULAY : Votre athéisme est-il lié aux épreuves qui ont marqué votre existence ? Je pense à deux événements qui vous ont particulièrement affecté : l'orphelinat à l'âge de dix ans, expérience que vous avez qualifiée d'« infernale », et la perte de votre compagne en 2013 après un long combat contre la maladie. En avez-vous conclu que l'existence d'un Dieu supposément bon et juste est inconciliable avec le mal qui sévit dans le monde, « les actes d'oppression qui se commettent sous le soleil » (Ecclésiaste 4, 1), que l'homme en soit la victime ou qu'il en soit l'auteur ? Votre athéisme est-il radical, niant l'existence même de Dieu, ou admettez-vous que l'on puisse, comme Emmanuel Levinas, soutenir que « le ciel est vide de Dieu » au sens où Dieu existe mais qu'Il s'interdit toute ingérence dans les affaires humaines en renonçant à sa toute-puissance ? Ou bien, pensez-vous comme Hans

Jonas, qu'Il est réellement « sans puissance[1] » ? Bien avant ces philosophes, la mystique juive, avec le concept du *tsimtsoum*, avait déjà pensé le renoncement à son attribut d'omnipotence. Ce terme hébraïque désigne la contraction de Dieu dénommé *Èn Sof* (« Sans Fin »). Sans ce retrait de Dieu du monde que Neher appellera le « Silence de Dieu[2] », aucune existence – du latin *ex-* (« dehors ») et *sistere* (« se tenir ») – n'eût été possible puisque Dieu occupait tout l'espace. Avant le *tsimtsoum*, rien n'existait en dehors du Tout que représentait Dieu. Le *tsimtsoum* est un mode opératoire qui rend possible l'apparition d'un monde dans lequel l'existence même de Dieu peut être niée. Il garantit la liberté de croire ou de ne pas croire, de faire le choix de la foi ou de l'athéisme. À ce voilement de Dieu s'attachent des conséquences terribles, car il ouvre une « brèche » dans laquelle « s'engouffrent toutes les forces mauvaises » (Catherine Chalier[3]) et il débouche sur une réalité où « le mal absolu

1. Hans Jonas, *Le Concept de Dieu après Auschwitz. Une voix juive. Suivi d'un essai de Catherine Chalier*, Paris, Payot & Rivages pour la traduction française, 1994. Ce philosophe juif allemand (1903-1993) tira les conséquences du silence de Dieu durant la Shoah en considérant que, sans renier pour autant son existence, il fallait désormais retirer l'omnipotence des attributs de Dieu.

2. André Neher, *L'Exil de la parole. Du silence biblique au silence d'Auschwitz*, *op. cit.*

3. Hans Jonas, *Le Concept de Dieu après Auschwitz. Une voix juive. Suivi d'un essai de Catherine Chalier*, *op. cit.*, p. 58.

est l'autre face, l'autre extrémité de l'absolu du libre arbitre » (Léon Askénazi[1]). Il en résulte que l'homme est le seul et l'unique responsable de ses actes. Ce déisme[2] doit néanmoins s'articuler avec la vision théiste du judaïsme qui affirme l'ingérence de Dieu dans l'histoire humaine, qu'elle soit manifeste ou dissimulée. Comment vous situez-vous vis-à-vis de ces redéfinitions de Dieu et de son champ d'action ?

---

1. Léon Askénazi, *La Parole et l'Écrit*, t. I. : *Penser la tradition juive aujourd'hui*, Paris, Albin Michel, coll. « Présences du judaïsme », 1999, p. 311.
2. D'éminents philosophes des Lumières tels que Voltaire ou Diderot adhéraient à cette doctrine. Le déisme professe l'existence d'un Dieu créateur du monde mais qui ne se soucie pas des hommes et de leur devenir.

Michel Onfray : La foi comme l'athéisme ne se décident pas. Pour le coup, je renverrais volontiers à la notion de grâce… Mais pour pouvoir y renvoyer, encore il faudrait que je souscrive à un Dieu qui la confèrerait – ou non… On tourne en rond… Disons que Dieu auquel je ne crois pas ne m'a pas donné la grâce de croire en lui. Et j'aurais tendance à croire que, s'il ne me l'a pas donnée, c'est qu'il n'existe pas. Voire : que c'est une preuve de son inexistence. L'athée serait alors l'une des preuves de l'inexistence de Dieu.

Je ne connais aucun livre qui donne la foi et je n'en connais aucun qui l'enlève. La lecture du Talmud, de la Bible ou du Coran ne suffit pas pour obtenir la foi. Pas plus que celle du *Testament* du curé Meslier, de *L'Essence du christianisme* de Feuerbach ou de *L'Avenir d'une illusion* de Freud ne suffit pour rendre athée quelqu'un qui croirait.

On devient juif, catholique ou musulman parce qu'on nous éduque dans telle ou telle configuration spirituelle. Imaginez en effet que vos parents vous aient abandonné à la naissance et que vous ignoriez tout d'eux, ce qu'à Dieu ne plaise si vous me permettez ce trait d'esprit, vous ne sauriez pas que vous êtes juif. Le judaïsme est une transmission, de même le christianisme ou l'islam. On ne naît pas juif, on le devient. De même avec les autres religions.

C'est Montaigne qui a raison quand il dit que, né en Perse, il aurait été musulman, ou né en Allemagne, il aurait été huguenot, mais que, né en Gascogne, il est tout bonnement catholique. La religion est d'abord un signe d'appartenance sociale, sinon sociologique.

Ensuite, l'éducation de l'enfant dès son plus jeune âge formate sa spiritualité. Aucune personne n'inventerait par elle-même les histoires qu'on trouve dans les textes dits « sacrés » du genre : Dieu ouvre la mer Rouge en deux pour laisser passer Moïse et son peuple ; un homme naît sans l'intervention d'un père avec une mère qui est restée vierge ; un prophète fait à cheval, dans le ciel, le trajet de Jérusalem à La Mecque en une nuit. Il faut bien que ces histoires soient enseignées aux enfants à l'âge où ils sont sensibles au merveilleux pour que cela devienne, disons, parole d'Évangile.

J'ai donc eu une éducation religieuse catholique, apostolique et romaine. Avant le cours préparatoire, mes parents m'ont envoyé à l'école d'une vieille demoiselle, une ancienne gouvernante, qui nous apprenait à lire, écrire, compter, mais aussi qui nous enseignait le nom des plantes, des arbres, des fleurs, des insectes, des panneaux de la circulation routière.

C'est elle qui m'a appris l'histoire sainte. J'avais entre trois et cinq ans et j'ai découvert les fables chrétiennes, de la naissance de Jésus dans une étable à sa mort sur le Golgotha en passant par les multiples péripéties de sa vie et ses œuvres.

À la même époque, on me racontait qu'il ne fallait pas se promener au bord de la rivière, des mares ou des cours d'eau car, sous la surface, vivait une mère Tirepatte qui, comme son nom l'indique, tirait les pattes des petits garçons imprudents qu'elle emportait *illico* au fond de l'eau. On me disait aussi que la souris venait récupérer les dents de lait placées dans un trou de marche d'escalier et qu'elle offrait une pièce pour prix de la canine. Il y avait également le père Noël qui passait par la cheminée pour déposer des cadeaux dans la nuit du 24 au 25 décembre.

Jésus et la mère Tirepatte, Marie et la petite souris, Joseph et le père Noël, c'était pour moi une seule et même chose. Un monde magique et merveilleux qu'on ne prend pas alors pour tel puisque, pour l'enfant, le monde est magique et merveilleux. Ontologiquement, il n'y a pas de différence.

Cette demoiselle nous enseignait également que l'histoire sainte renvoyait à une pratique religieuse.

La prière, bien sûr, mais pas seulement. Par exemple, elle nous expliquait les raisons du carême – faire pénitence, donc faire maigre, jeûner pour célébrer la Passion du Christ. Elle nous distribuait donc des bonbons qu'elle nous reprenait… Ce qui était efficace pour expliquer ce qu'est un sacrifice !

Mon athéisme est sans date et sans raison, sans traumatisme et sans cause. Dans ma vie, il y a eu un moment où Jésus et la mère Tirepatte, Marie et la petite souris, Joseph et le père Noël ont cessé de faire partie du monde réel pour entrer dans le monde de l'imagination, de l'allégorie, de la fable, de la fiction. J'ai donc cessé de croire en Dieu aussi simplement que j'ai cessé de croire au père Noël. Sans drame, sans choc, sans traumatisme. Comme une dent de lait qui tombe…

Ensuite, j'ai supporté le catéchisme et la messe pendant des années comme des lubies d'adultes auxquelles il fallait souscrire et se plier sous peine de sanctions. Ne pas souscrire à ces deux rites, c'était se mettre en marge du village.

L'athéisme n'était représenté dans ce bourg de cinq cents habitants que par un radical-socialiste qui, ostensiblement, le vendredi saint, égorgeait un poulet et le laissait pendre sur la porte du poulailler à la vue de tout le monde pour qu'on sache que, ce jour où tout le monde mangeait du poisson, lui consommait de la viande. Les trois boucheries et charcuteries du village étaient fermées ce jour-là…

Ensuite, je suis placé par ma mère dans un orphelinat de prêtres salésiens dont certains étaient pédophiles. J'ai dix ans. C'est l'enfer. J'ai raconté la chose dans la préface à *La Puissance d'exister* sous le titre *Autobiographie à l'enfant.*

Biberonnés au lait freudien, nombre de lecteurs à l'esprit un peu court ont estimé qu'il fallait trouver dans ces quatre années la source de mon athéisme et, disent-ils, de mon anticléricalisme. Ils se trompent. Je ne croyais plus en Dieu depuis bien longtemps.

En revanche, j'y ai appris plusieurs choses : que l'autorité m'est intolérable ; que l'injustice m'est violemment insupportable ; que je suis du côté de celui qu'on frappe, quel qu'il soit ; que je ne supporte pas l'écart entre ce que l'on enseigne et ce que l'on pratique – l'exemple de prêtres violents, sadiques, tabasseurs, pédophiles m'en a convaincu, ils étaient loin de la joue tendue, de l'amour du prochain et du pardon des fautes ; et que Dieu, s'il existait, serait une bien étrange créature à laisser faire le mal sur des enfants innocents…

Dès lors, s'il nous faut parler de Dieu, je ne dirai pas qu'il n'existe pas, mais qu'il existe comme une fiction. Dieu est une fiction. Toutes les religions ont en commun la dénégation de la mort ; elles reposent sur le refus de cette évidence que nous mourrons et que, pour vivre avec cette vérité terrible, nous créons ce que Nietzsche nomme un

« arrière-monde » et qui est le monde inversé de celui dans lequel nous vivons.

Dans notre monde, on naît, on vit, on souffre, on meurt, on ne sait pas tout, on ne peut pas tout, on ne peut pas être partout à la fois en même temps, on est soumis au temps, au vieillissement ; dans l'arrière-monde règne un Dieu qui est tout le contraire : il ne naît pas parce qu'il est là depuis toujours et qu'il sera là pour toujours, il ne vit pas, ne souffre pas, ne meurt pas, il est omniscient, omnipotent, omniprésent, insensible à la génération et à la corruption, il est éternel et immortel. Dans notre monde, la mort fait la loi ; dans le sien, la mort n'existe pas. Rendez les hommes immortels, vous tarirez la matière avec laquelle les dieux sont construits.

Donc les discours sur Dieu, autrement dit la théologie, sont pour moi des discours nuls et non avenus. Voilà en quoi consiste mon athéisme. Il est donc radical. Pas question pour moi de me demander si Dieu est ceci ou cela, plutôt ceci ou plutôt cela, quand même ceci malgré cela, ou malgré ceci quand même cela.

Que Dieu soit absent et que cette absence soit la modalité de sa présence ; que Dieu se retire pour qu'on l'appelle et le sollicite ; que, de Dieu, on ne pourrait rien dire parce que dire quelque chose de lui ce serait le mutiler – un Dieu grand ignorerait la petitesse et ignorer pour un dieu, c'est n'être pas Dieu ; que Dieu soit un premier moteur immobile ou une cause incausée ; que Dieu soit indicible, mais qu'il faudrait *ad nauseam* expliciter les modalités de cet indicible ; que Dieu soit une puissance dont la nature paradoxale soit l'impuissance – voilà autant de *jeux de l'esprit* pour moi…

Car je crois, au contraire de Descartes qui imagine que l'idée de Dieu en nous serait l'une des preuves de son existence, que cette idée de Dieu en nous prouve que quelqu'un l'y a mise… Il n'y a chez aucun autre animal que l'homme cette idée que Dieu existe. Et si nous avions pu questionner Victor de l'Aveyron, cet enfant sauvage perdu dans la forêt sur lequel le docteur Itard a rédigé un mémoire, nul doute qu'il aurait ignoré Dieu puisqu'il avait échappé à toute éducation.

Dieu est une fable enseignée aux hommes pour leur permettre de vivre malgré le fait qu'ils ne sont venus sur Terre pour aucun autre projet qu'en disparaître. Il a été créé par l'homme qui a transformé son impuissance en puissance en la retournant comme un gant et en lui donnant une autonomie devant laquelle il s'est agenouillé pour lui demander par l'invocation, la prière, le sacrifice, le rituel, la cérémonie, cette puissance qui lui faisait défaut. Voyez combien je suis « intact de Dieu » pour le dire dans une formule de Prévert…

Michaël Azoulay : Je ne puis qu'abonder dans votre sens lorsque vous soutenez que la foi ou son absence sont dans une large mesure déterminées et non choisies librement. Il est indéniable que nous sommes le produit de déterminations sociales, économiques, éducatives qui jouent un rôle considérable dans la formation et l'affirmation de nos convictions. Toutefois, l'idée que vous vous faites de la foi me semble quelque peu réductrice et figée. Selon vous, parce que dictée par les circonstances de la vie, elle serait donnée ou on en serait privé définitivement. « Les livres ne donnent pas la foi » ni ne la sapent, certes, pour reprendre vos termes, mais ne pensez-vous pas que certaines lectures peuvent contribuer à son éclosion ou à son délitement, au même titre que des événements décisifs qui laissent une empreinte indélébile dans nos vies ? Lire, par exemple, en ouvrant la Bible, écrite il y a des milliers d'années, que le monde eut un commencement tandis qu'il a fallu attendre la théorie du big bang au XXe siècle pour qu'à son tour la science admette la naissance de l'Univers, n'est-ce pas de nature à interpeller le non-croyant ? Seriez-vous devenu ce que vous êtes sans la vision du monde que vos études livresques de philosophie ont imprimée en vous ?

Vous opposez constamment foi et raison. Comme si, pour le lecteur croyant de la Bible, le Dieu de la Révélation n'était pas aussi le Dieu de la Création (et des lois scientifiques qui la régissent). Or, aux yeux d'éminents penseurs juifs, chrétiens ou musulmans du Moyen Âge tels que Maïmonide, Thomas d'Aquin ou Averroès, il était possible et même impératif de réconcilier foi et raison.

Ces philosophes théologiens (on pouvait alors être les deux à la fois) n'ont-ils pas démontré, en recourant à la théologie négative pour dire ce que Dieu n'est pas, que le Dieu objet de la dévotion des croyants fait l'objet de bien des méprises ? Déterminer ce qu'il fallait entendre par « Dieu » devait, selon eux, primer sur la question de savoir s'il fallait ou non croire en son existence. Car mal croire revient à ne pas croire. « L'illusion d'avoir compris mène à l'égarement », affirme Maïmonide dans son *Guide des égarés*[1].

1. Moïse Maïmonide, *Le Guide des égarés suivi du Traité des huit chapitres*, Verdier, coll. « Les dix paroles », 1979.

En outre, votre rejet de la foi étant dû pour l'essentiel à des expériences tragiques qui n'ont pas permis sa naissance, on pourrait vous objecter qu'il est des personnes dont la foi s'est éteinte ou, au contraire, est née et s'est affermie alors qu'elles évoluaient au sein de milieux peu propices à des bouleversements existentiels[1].

En partant de mon expérience personnelle, la foi transmise par mes parents et par ma fréquentation d'écoles juives à Nice, en Israël puis en région parisienne s'était délitée. Elle se serait probablement évanouie à mon adolescence n'était-ce ma redécouverte des textes du judaïsme (on en revient aux livres qui nous font) et de leur intelligence au sortir du système scolaire. Ils me firent appréhender la foi d'une tout autre manière. Il ne s'agissait plus tant de croire que d'agir en cohérence avec ce que j'apprenais guidé par des maîtres bienveillants. Le judaïsme a ceci de particulier qu'il est avant tout orienté vers la *praxis* mais que tous les rites sont sous-tendus par un contexte historique de leur élaboration, par des valeurs et par

1. Shulem Deen, *Celui qui va vers elle ne revient pas*, Paris, Globe, 2017, pour l'édition française. C'est le récit autobiographique d'un juif hassidique new-yorkais qui perdit la foi et se vit exclu de sa communauté pour hérésie. Dans un autre registre, la lecture qui s'impose est celle du roman hilarant et blasphématoire (trop à mon goût) d'un juif orthodoxe du New Jersey traumatisé par l'éducation religieuse qu'il a reçue et qui va tenter de s'en détacher sans jamais vraiment y parvenir, Shalom Auslander, *La Lamentation du prépuce*, Paris, Belfond, 2008.

des croyances. Surtout, l'étude des textes y tient une place prépondérante, en particulier celle du Talmud qui fait appel à la déduction logique et qui se distingue par son antidogmatisme.

Enfin, vous observez que parmi tous les êtres vivants on ne trouve que chez « l'homme cette idée que Dieu existe », idée introjectée par on ne sait qui. Et si c'était précisément ce besoin de transcendance, le fait de ne pas se contenter du monde sensible qui nous entoure et de ne pas se suffire du réel palpable impuissant à donner un sens à sa vie qui, en réalité, définissait l'humain ?

J'estime, pour ma part, que ce besoin de croire en une vie après la mort, que vous comprenez tout en le disqualifiant, procède pour une large part du sentiment d'absurdité qui saisit l'être humain à l'idée d'une existence si tourmentée qui aboutirait au néant, d'une vie qui ne serait, selon vous, apparue au monde « pour aucun autre projet qu'en disparaître ». Formule violente pour moi qui suis intimement convaincu, comme les maîtres du hassidisme, qu'« avec chaque homme vient au monde quelque chose de nouveau qui n'a pas encore existé, quelque chose d'initial et d'unique » et qu'« il est appelé à accomplir sa vertu propre dans ce monde[1] ». Avec chaque naissance apparaît une

1. Martin Buber, *Le Chemin de l'homme d'après la doctrine hassidique*, Monaco, Éditions Alphée-Jean-Paul Bertrand, 2007, p. 19.

promesse d'avenir irréductible à une autre. Dans la Bible, le mot « foi » désigne la confiance. On « croit en » Dieu et non « que » Dieu existe. Placer sa confiance en Dieu, c'est s'attacher à un Être qui donne du sens à une existence marquée par le règne de l'éphémère et de la finitude. Un sage du Talmud considère qu'il est préférable pour un juif d'emprunter la route d'un lieu de culte païen (malgré le risque de tentation idolâtre) plutôt que de passer derrière une synagogue au moment de l'office public sans y pénétrer[1]. Cette recommandation est interprétée par le Maharcha[2] comme signifiant qu'un idolâtre croit tout au moins en l'existence de divinités agissantes, tandis que celui qui manifeste son dédain pour la prière dénie toute efficacité à celle-ci ainsi qu'à la capacité de Dieu de modifier le cours des événements en réponse à la prière. L'autorité vous est insupportable mais cette autorité divine est rassurante et réconfortante pour celui qui est habité par la question du sens de la vie. Comme le sont l'autorité parentale pour l'enfant qui a besoin de limites pour se construire ou celle des enseignants vis-à-vis de leurs élèves. Toutes les autorités ne sont donc pas à exécrer. Certains intellectuels se disent athées par regret, n'ayant pas trouvé Dieu. Ils admettent que la religion a pour fonction essentielle « d'apaiser le

1. Talmud de Babylone, traité *Berakhot,* p. 61, folio a.
2. Rabbi Chemouel Eli'ézer Edels (1555-1631). Célèbre commentateur du Talmud.

cœur des hommes terrorisés par la mort, et de les aider par la prière et le rituel à trouver le chemin du bonheur[1] ». Vous vous reconnaîtrez plutôt dans ce que la philosophe Simone Weil (1909-1943), humaniste d'origine juive et agnostique devenue chrétienne, disait, à savoir que « la religion en tant que source de consolation est un obstacle à la véritable foi, et en ce sens l'athéisme est une purification ». Assurément, votre athéisme est purification mais en quoi est-il consolation ? Quelle réponse votre athéisme sans regret apporte-t-il au besoin de sens qui tourmente chaque être humain ?

1. Collectif, *Trois jours et trois nuits. Le grand voyage des écrivains à l'abbaye de Lagrasse*, Paris, Fayard-Julliard, coll. « Promenades singulières », 2021.

Michel Onfray : Je conviens que, *dans certains cas*, les livres peuvent faire la différence. Je suis allé un peu vite en généralisant... Je le sais parce que des lecteurs de mon *Traité d'athéologie* m'ont dit qu'ils avaient découvert dans ce livre nombre d'informations qui leur permettaient de parvenir à la conclusion que Dieu n'existait pas.

Quand je vous disais que les livres ne changeaient rien, je pensais au lecteur qui soit a la foi, soit ne l'a pas. Je ne pensais pas à l'agnostique qui est entre les deux, dans la suspension d'un jugement, dans l'affirmation que, sur Dieu, il ne sait qu'une seule chose, c'est qu'il ne sait rien. Donc, vous avez raison : les livres peuvent être le souffle faisant tomber la plume agnostique qui tenait en équilibre...

Pour ma part, j'ai toujours considéré l'agnosticisme comme la position de celui qui n'avait pas assez cherché pour savoir. Dès lors, je pense qu'une personne requise par la trivialité et la brutalité de sa vie quotidienne pouvait légitimement être agnostique, mais que c'était une position intenable pour un philosophe – ou pour quelqu'un qui consacre du temps à sa vie spirituelle. Il faut qu'une porte, fût-ce celle de l'arrière-monde, soit ouverte ou fermée !

Or, les lieux dans lesquels on peut aider à se constituer et à nourrir une vie spirituelle n'existent pas : il n'y a que des lieux dans lesquels on vient célébrer le Dieu auquel on croit déjà. Quand j'ai créé l'Université populaire en 2002, j'ai souhaité qu'elle soit un lieu où l'on puisse subvenir à sa vie spirituelle. J'aurais aimé trouver des intervenants de qualité pour créer des séminaires sur le monothéisme. Je n'ai trouvé personne de qualité.

Par ailleurs, vous avez également raison en estimant que, pour moi, les choses sont simples et claires : on croit, on ne croit pas, ou on ne sait pas si l'on croit ou non. Dites-moi d'ailleurs quelles seraient les autres hypothèses ? Je vous laisse la responsabilité du jugement qui vous fait dire que ma conception est « quelque peu réductrice et figée » – ce n'est jamais un compliment d'être réducteur et figé quand il faudrait être ample et dynamique…

Disons que j'ai le tort, en effet, de ne pas tenir pour sérieuses les hypothèses d'une foi qui en est une, sans en être une, tout en en étant une quand même ; ou celles qui font de Dieu ceci qui n'exclut pas cela, y compris son contraire ; voire d'un Dieu qui pourrait même exister du simple fait de ne pas exister ; ou d'un Dieu dont la présence serait l'absence, dont l'affirmation serait la négation, dont la qualité serait de n'en avoir aucune…

Je connais tous ces jeux de l'esprit qui permettent, par exemple avec la théologie négative, avec l'ontothéologie aristotélicienne, avec la métaphysique thomiste, avec l'ontologie phénoménologique, de passer sa vie à verbigérer sur l'être, le non-être, l'étant, l'étantité… On peut avec tout ça écrire de gros traités incompréhensibles qui relèvent de ce que d'aucuns nomment la « glossolalie » : un langage inventé pour dire un monde qui n'existe pas à destination de personnes qui cherchent à faire ces voyages dans des pays inexistants…

Sur Maïmonide qui ferait « usage de la raison critique pour déterminer la véritable foi » : je vais creuser mon hypothèse selon laquelle on a la foi *a priori*, par un jeu très complexe de déterminismes, et qu'on la légitime *a posteriori* en se servant de la raison comme d'un outil.

Permettez-moi un souvenir personnel. Quand à l'université de Caen mon vieux maître de philosophie antique Lucien Jerphagnon nous a annoncé pour la semaine suivante un cours sur les preuves de l'existence de Dieu chez saint Thomas, je me suis dit – j'avais dix-sept ans – que, puisque la preuve prouvait, je serais un autre homme la semaine suivante, convaincu par la « raison critique » de Thomas d'Aquin ! Puis il y eut le cours. Aucune de ces preuves ne prouvait rien… Avec l'usage de ma propre « raison critique » athée, elles tombaient toutes les unes après les autres : la cause incausée ? Mais pourquoi ne pas conclure plutôt à l'impossibilité de trouver une première cause de tout ? Ce qui aurait l'avantage de la modestie face à ce que l'on ne sait pas. Pourquoi faudrait-il cesser la chaîne de causalité et nommer Dieu la décision de la stopper avec une créature qu'on postule *a priori* ? La nécessité ? Mais pourquoi Dieu serait-il plus nécessaire que les hommes, si ce n'est parce que la fameuse « raison critique » n'est en fait qu'une raison légitimante de ce que l'on pense déjà *a priori*, par idiosyncrasie. Et ainsi de suite avec ces fameuses autres preuves qui ne prouvaient pas.

Je gage que les preuves de l'inexistence de Dieu données par les athées, Feuerbach ou Nietzsche, Marx ou Freud par exemple, ne convainquent pas plus les croyants que les preuves de l'existence ne convainquent les incroyants. Jamais un moine n'a jeté le froc aux orties après avoir lu *L'Essence du christianisme* de Feuerbach… Du moins, je n'ai pas connaissance d'une pareille information.

Ce que vous nommez « raison critique » est pour moi « raison légitimante » : c'est celle dont usaient les sophistes contemporains de Platon pour prouver ce que l'on voudra – pourvu qu'on les paie…

La raison n'est pas autre chose qu'un outil avec lequel on peut tout faire : le bien et le mal, le bon et le mauvais, elle ne se trouve pas que chez Descartes et Kant, elle est aussi, hélas, chez Sade, chez Lénine ou chez Hitler. La raison est toujours l'instrument d'une passion. Et c'est de cette passion qu'il faudrait parler. La raison arrive après le corps…

Sur la foi. Oui, je crois en effet qu'on l'a ou qu'on ne l'a pas et je suis toujours étonné qu'elle paraisse si défaillante et si fragile, si faible et si ténue, si délicate et si frêle chez ceux qui l'ont.

Autre souvenir personnel pour vous répondre, car je crois plus au réel qui donne des idées qu'aux idées qui dispensent du réel : un ami moine m'a confié un jour que, d'une certaine manière, il enviait ma certitude athée, car il était entré au monastère, lui, non pas parce qu'il avait une foi ferme, mais parce qu'il voulait affermir sa foi. Ce n'est donc pas mon athéisme qu'il enviait, bien sûr, mais ma certitude.

Car, oui, depuis que ces histoires religieuses sont devenues pour moi des fictions (autrement dit : à l'âge de raison si vous me permettez ce clin d'œil…), je n'ai jamais douté de mon athéisme. Il ne m'est jamais venu à l'idée que *Dieu pourrait exister tout de même…*

J'ai expérimenté dans ma chair, lors de la mort de mon père, puis de celle de ma compagne de trente-sept années de vie commune (après treize années d'un cancer qui aurait eu du mal à continuer à me faire croire en Dieu si jamais j'y avais cru…), le mécanisme de la construction de la foi. Face au drame de la mort, devant le cadavre qui ne respire plus, ne parle plus, ne réagit plus, ne bouge plus, ne répond plus, ne ressent plus, le premier mouvement est celui de la dénégation : « Ça n'est pas possible, ça n'est pas pensable. Je ne le crois pas… », « Ça n'a pas lieu, ce qui est n'est pas, le mort n'est pas mort. »

Le second mouvement est celui de la généalogie de la croyance : on invente l'arrière-monde dans lequel le mort est toujours vivant. Là-bas, ailleurs, dans l'au-delà, dans l'arrière-monde, dans le ciel ou le paradis, dans l'enfer ou dans le purgatoire, le mort est toujours vivant.

La religion, c'est ensuite la fable que l'on construit sur cet arrière-monde : comment on y accède, comment il est peuplé, comment on y vit, comment on y mange, comment on y communique, comment l'âme y existe, comment le corps y est « glorieux », etc.

J'ai donc expérimenté dans ma chair et dans mon âme ce désir que mes morts ne le soient pas, mais mon athéisme est resté intact. La vie est absurde, elle n'a que le sens qu'on lui donne non pas celui que Dieu lui donnerait.

Enfin, si vous pensez que la véritable question n'est pas de savoir si Dieu existe mais ce que cache ce nom, alors vous partez du principe qu'il existe.

Et nous retrouvons les déterminismes qui vous ont fait être ce que vous êtes. Permettez-moi une fable : je crois qu'enlevé à votre famille dès votre naissance et placé dans une tribu de Papouasie vous auriez cru aux divinités de Nouvelle-Guinée ! Et moi aussi…

Dès lors, et parce que vous êtes né dans une famille juive, votre rapport à Dieu est déterminé, voire surdéterminé par cette incontestable réalité. Vous ne le seriez pas devenu en ignorant que vous l'étiez. *Être juif* est à la fois (*à la foi…*) un destin et une liberté, un choix et une nécessité, un déterminisme et une volition, un héritage et une fidélité. C'est une affaire d'individu inscrit dans un lignage qui se doit d'être fidèle à son lignage (si souvent menacé dans l'histoire) tout en parvenant à être néanmoins un individu. Comment être soi quand on doit hériter et rester fidèle à son héritage en même temps qu'à soi ? C'est tout le problème que je dirai *psychologique* (dont l'étymologie grecque renvoie à l'âme) de la foi juive – si vous m'autorisez ce jugement, moi qui ne suis pas juif.

En tant qu'individu, un Juif peut être athée ; mais le peut-il en tant qu'il hérite du fait d'être juif ? Je crois que non. D'où le développement de cette étrange théologie juive qui permet de résoudre la contradiction, de faire tomber la tension, entre le fils qui doit être fidèle à son père et le fils qui devient père à son tour en ayant besoin de la fidélité de son fils, le tout pour que son peuple soit, dure, vive.

En tant qu'elle n'est pas prosélyte, mais nationale et identitaire, il est plus facile pour votre religion d'inviter à disserter sur les noms de Dieu plutôt que d'exiger la foi qui, de ce fait, peut devenir ardeur à méditer sur les noms de Dieu. Car il est plus facile d'obtenir une ferveur herméneutique qu'une authentique foi.

Le génie de votre peuple est d'ailleurs enraciné dans cette évidence que l'herméneutique est possible par tous quand la foi ne l'est que pour certains. Et comme l'herméneutique peut s'étendre à tout ce qui est pensable, il n'y a aucun mystère à voir tant d'intelligence juive mobilisée pour la compréhension du monde – de Moïse à Einstein, en passant par Marx et Freud…

Ce Dieu-là fait songer au « Dieu des philosophes » que Pascal oppose au « Dieu d'Abraham et de Jacob » : le Dieu des philosophes, je songe à celui de Spinoza, peut bien alors n'être pas le Dieu d'Abraham, il devient ainsi un objet philosophique, un support à l'herméneutique, une figure qui polarise l'esprit et l'âme d'un peuple.

Dès lors, vous avez la réponse à la dernière question que vous me posez concernant ce que l'athéisme peut apporter comme sens : le même que celui d'une religion dans laquelle on prend des libertés avec le Dieu d'Abraham et de Jacob au nom du Dieu des philosophes.

L'athée, du moins, n'aura pas eu besoin de contorsions intellectuelles pour parvenir à cette évidence que la vie n'a que le sens qu'on lui donne. L'athée croit ce qu'il voit et le croyant voit ce qu'il croit – ce sont deux façons antinomiques d'être au monde, vous en conviendrez…

MICHAËL AZOULAY : On serait tenté de se faire une plus haute idée de l'agnostique qui se tient entre vous et moi. Son indécision due au fait qu'il n'est pas en mesure d'affirmer que Dieu existe ou n'existe pas laisse une porte entrouverte et cette humilité l'honore. Cependant, ce non-choix le dessert, car l'agnosticisme comme refus de s'engager est quelque part une forme d'opportunisme. Sa position médiane entre le croyant et l'athée est confortable en ce qu'elle lui permet de ne pas assumer les conséquences d'un choix résolu. La Bible en témoigne. En effet, le patriarche Abraham eut un frère dénommé Harân, à qui son agnosticisme coûta la vie. « Harân mourut *du vivant de Tera'h son père*, dans son pays natal, à Our-Kasdim » (Genèse 11, 28). Le célèbre exégète champenois Rachi (1040-1105) commente ainsi ce verset au nom du Midrach : « c'est à cause de son père qu'il est mort. Tera'h avait déféré son fils Abram [qui ne s'appelait pas encore Abraham] devant

Nemrod pour avoir brisé ses idoles, et Nemrod l'avait fait jeter dans la fournaise [Our-Kasdim signifie “le feu des Chaldéens”]. Harân attendait et se disait si Abram l'emporte, je suis avec lui, et si Nemrod l'emporte, je suis avec lui. Quand Abram fut sauvé, on demanda à Harân : Avec qui es-tu ? Harân leur répond : Avec Abram. On le jeta alors dans la fournaise ardente et il a été brûlé[1] ».

Je persiste toutefois à penser qu'une conviction religieuse ou areligieuse ne saurait être acquise une fois pour toutes, qu'il ne saurait y avoir en la matière de fixisme. Vous savez mieux que moi par votre formation philosophique que l'école péripatéticienne d'Aristote tire son nom du grec ancien, péripatéticien signifiant « qui aime se promener ». Marcher aide à penser. La vie est mouvement et, si les déterminations y sont nombreuses et prépondérantes, elles peuvent parfois être contrariées par le hasard et l'inattendu. Les hasards des rencontres, dont la nôtre, m'ont toujours fasciné tant ils peuvent modifier des trajectoires de vie.

Les drames personnels que vous avez vécus vous ont conduit à rejeter la possibilité même de

1. *Le Pentateuque en cinq volumes suivis des Haphtaroth avec Targoum Onqelos. Accompagné du commentaire de Rachi traduit en français. Traduction française du Pentateuque du Rabbinat français*, t. I : *La Genèse*, Paris, Fondation Samuel et Odette Levy, 6e édition, 1991, p. 67. Ouvrage réalisé sous la direction du rabbin Élie Munk.

l'existence d'un Dieu. Qui pourrait vous en blâmer ? *Mutatis mutandis*, qui aurait l'indécence de reprocher à un rescapé des camps de concentration d'en être arrivé à la même conclusion ? Vous concéderez toutefois que d'autres ont pu vivre des événements traumatiques qui les ont menés à une conclusion opposée à la vôtre. Par mes fonctions rabbiniques, je peux témoigner qu'un deuil suscite souvent une quête de spiritualité, fait naître le besoin de trouver un sens à sa vie. La Bible, et le Livre de Job en particulier, trouvent légitime en certaines circonstances de s'interroger sur la Providence divine. Dieu y est interpellé, voire malmené, et son sens de la justice y est remis en cause. Ces textes ne sauraient trouver grâce à vos yeux puisque ces personnages bibliques n'osent pas, dans leur révolte, aller jusqu'à douter de l'existence du Dieu objet de leurs récriminations. Attitude que l'écrivain Elie Wiesel, prix Nobel de la paix, réchappé d'Auschwitz et de Buchenwald où il fut déporté à l'âge de quinze ans, résumait ainsi : « Parfois pour Dieu, souvent contre lui, et pourtant jamais sans lui. » À l'image du roseau de la fable de La Fontaine, la foi peut plier sans pour autant se rompre.

La fragilité de la foi chez ceux qui l'ont et qui suscite votre étonnement s'explique par le fait que la vie du croyant, qui n'échappe pas plus qu'un autre aux épreuves, est rarement « un long fleuve tranquille ». La foi n'est pas une assurance tous risques. Levinas, commentant un texte écrit par un auteur anonyme pendant les dernières heures de la résistance du ghetto de Varsovie, affirmait qu'« un Dieu d'adulte se manifeste précisément par le vide du ciel enfantin ». Voici ce qu'il entendait par « ciel enfantin » : « Que signifie cette souffrance des innocents ? Ne témoigne-t-elle pas d'un monde sans Dieu, d'une terre où l'homme seul mesure le Bien et le Mal ? La réaction la plus simple, la plus commune consisterait à conclure à l'athéisme. Réaction la plus saine aussi pour tous ceux à qui jusqu'alors un dieu, un peu primaire, distribuait des prix, infligeait des sanctions ou pardonnait des fautes et, dans sa bonté, traitait les hommes en éternels enfants. Mais de quel démon borné, de quel magicien étrange avez-vous donc peuplé votre ciel, vous qui, aujourd'hui, le déclarez désert[1] ? »

Ces réflexions résonnent d'une manière particulière alors qu'au moment où j'écris ces lignes, sur notre continent, la guerre que livre la Russie à l'Ukraine fait tant de victimes innocentes.

Je vous sais gré d'avoir accepté de dialoguer avec une personne qui ne partage pas vos convictions, car, en m'apportant la contradiction, vous m'avez aidé à mieux comprendre certains aspects de ma foi. C'est généralement le cas dans le dialogue interreligieux mais je ne soupçonnais pas

1. Emmanuel Levinas, *Difficile liberté. Essais sur le judaïsme*, Paris, Albin Michel, coll. « Le Livre de Poche », 1963 et 1976, p. 202.

que ce le serait dans un échange entre un croyant et un athée que tout semble séparer. Ainsi, votre critique de l'instrumentalisation de la raison pour parvenir à légitimer et à asseoir une foi que l'on a déjà *a priori* m'a permis de mieux saisir l'opinion d'un grand poète, rabbin et philosophe juif de l'Espagne médiévale. Juda Hallévi (v. 1075-1141), dans son ouvrage *Le Kuzari*, estime que l'existence et la Providence divines ne sauraient être démontrées par la raison des philosophes. Il récuse leur Dieu et leurs preuves, lui préférant celui que vous nommez « le Dieu d'Abraham et de Jacob ». Au roi des Khazars tourmenté par le problème religieux, le rabbin répond que sa foi en Dieu est fondée sur « l'évidence de l'expérience sensible [les différentes révélations à Moïse et aux enfants d'Israël] dont le témoignage a été transmis par une tradition ininterrompue, qui a la même force que l'expérience sensible ». Il ne cherche pas à démontrer rationnellement sa foi qui relève selon lui de « l'expérience sensible qui se passe de preuves et de démonstration »[1].

Dans un certain sens, ce qui est vrai pour l'athée – il croit ce qu'il voit – l'est aussi pour le croyant : il croit ce que ses ancêtres affirment avoir vu et qui fait l'objet d'une transmission inextinguible, écho incessant de la Révélation du Décalogue au Sinaï.

1. Juda Hallévi, *Le Kuzari. Apologie de la religion méprisée*, Paris, Verdier, coll. « Les dix paroles », 2001, p. 9.

J'observe que, dans la formulation de votre athéisme, vous accordez également une place importante à une certaine « tradition athéiste » à travers les auteurs que vous citez.

Il me semble cependant que c'est moins la question de la foi, qui, en définitive, relève de l'intime conviction – particulièrement dans notre France laïque – que la barbarie qu'elle peut engendrer qui vous pose un problème.

Nous n'avons pas abordé jusqu'à présent ce sujet dans nos échanges mais votre athéisme n'est-il pas aussi conforté par la répugnance et l'indignation qu'inspirent ces ignobles crimes djihadistes commis au nom de Dieu, ou plutôt au nom de l'idée que se font de Dieu ces assassins ? Des criminels inspirés (aspirés ?) par des textes « révélés » qui portent en germe ce fondamentalisme ?

Michel Onfray : Si vous voulez une confidence, je souscris à votre idée que tout est impermanence, que tout est dynamique et dialectique, que tout change et que… c'est la seule chose qui ne change pas ! En ce sens, je suis plus un disciple du fleuve d'Héraclite dans lequel on ne se baigne jamais deux fois, comme vous le savez, que de la sphère de Parménide qui, par sa perfection, semble une image de la divinité. Dès lors, si je dois être conséquent, et je souhaite l'être, je n'exclus pas de perdre la foi dans mon athéisme, si je puis dire, puis d'être touché par la grâce.

Je n'imagine pas que cette grâce puisse être juive, car votre religion suppose un lignage génétique que je n'ai pas – encore que : il y a dans l'arbre généalogique de ma mère une Julie-Lucie Weichmann (1893-1974) dont, après recherches, je ne parviens pas à savoir si elle était juive ou pas. J'ajoute à cela que j'ai par amusement effectué un test ADN aux États-Unis qui a conclu, je cite le rapport, à une « forte présomption juive du côté maternel (branches très présentes aussi chez les Juifs ashkénazes) »...

Je ne crois pas que la grâce me viendrait de devenir hindouiste, bouddhiste, shintoïste, car ces religions asiatiques supposent justement une imprégnation culturelle et, j'enfonce une porte ouverte, ça n'est pas la mienne comme vous vous en doutez...

Dans la configuration culturelle qui est la mienne, c'est-à-dire judéo-chrétienne, je crois que je ne pourrais être concerné que par le catholicisme, dont je ferais alors une lecture symbolique, allégorique, parabolique, qui me permettrait de répondre au Michel Onfray d'avant qu'il importe peu que Jésus ait ou non existé historiquement pour qu'il y ait une vérité du christianisme.

D'ailleurs, je m'étonne toujours que les livres écrits contre moi par des chrétiens, quatre, cinq ou six sur plus d'une dizaine, je ne sais plus exactement, je ne les lis pas, aient montré si peu d'amour du prochain, si peu de pardon des péchés (si d'aventure j'avais péché en publiant un livre...) et si peu d'indifférence à ce qu'ils devraient prendre pour un délire... En un mot : si peu de pratique chrétienne – ce qui, par parenthèse, me donne raison quand je dis de cette religion qu'elle est fondamentalement impraticable par l'héroïsme qu'elle exige.

Je pense que le protestantisme, moins englué dans le recyclage du paganisme et du polythéisme que le catholicisme, pourrait également me séduire. *La Religion dans les limites de la simple raison* de Kant m'avait intellectuellement concerné quand je l'avais lue autour de mes vingt ans. Son austérité me plaisait aussi.

Je suis certain que l'islam ne pourrait pas me convenir. Il y a dans le Coran des prescriptions qui me sont insupportables : le bellicisme d'abord, cette idée que, comme l'affirme un hadîth, le paradis est « à l'ombre des épées », me répugne, mais aussi la misogynie et la phallocratie, puis l'antisémitisme, l'homophobie, etc. Ajoutons à cela que l'argument de la configuration culturelle auquel je renvoyais pour expliquer l'incompatibilité avec les religions asiatiques vaut également avec ce monothéisme arabique.

Le chamanisme, qui est une religion fossile qu'on retrouve sur tous les continents (je l'ai physiquement côtoyé en Arctique, en Afrique, à Cuba, en Haïti…), est celle qui a le plus ma faveur : le monisme spinoziste qu'on y trouve, la matérialisme spiritualiste qui l'anime, la fusion du vivant dans un même règne, le respect de ce vivant unifié, de la montagne au cosmos en passant par l'insecte et l'oiseau, le poisson et l'homme, tout cela m'irait.

Mais si la poétique chamanique me ravit, j'aime les poèmes traditionnels inuits par exemple, je ne saurais y adhérer autrement qu'en Occidental séduit par la beauté d'une cosmogonie, d'une mythologie.

Pour conclure sur ce sujet, je n'envisagerais pas cette foi comme un agrément existentiel. Il me faudrait mettre ma vie entière à son service. Une vie de moine chartreux m'irait à ravir – mais pour cela, il faut la foi, c'est, je crois, le minimum exigible ! Or, je n'en suis pas là !

Voyez que, quand vous dites qu'une conviction n'est jamais figée pour toujours, je souscris à votre propos ! On ne sait pas de quoi l'avenir est fait, comme on dit vulgairement, et je n'exclus rien. Ni non plus un athéisme renforcé...

Par ailleurs, vous vous étonnez de notre correspondance. Je crois pouvoir expliquer un peu votre étonnement. Une réputation est toujours la somme des malentendus qu'on accumule sur son compte... Je parle beaucoup, j'écris beaucoup, je publie beaucoup, et prendre le temps de savoir ce que dit l'autre véritablement suppose une humilité et une patience qui ne sont plus d'époque ! On se contente donc de deux ou trois idées fausses qui permettent d'aimer ou de détester – je like ou je nique, c'est l'alternative à laquelle notre époque nous contraint désormais...

Pour les croyants, je suis donc un anticlérical forcené, un antisémite plus ou moins larvé, un islamophobe patenté, un bouffeur de curé ; pour les incroyants, je suis trop complaisant avec la spiritualité, la croyance, le sacré, la foi, comme si j'étais fasciné, donc je suis un croyant refoulé...

En fait, j'ai dit les choses clairement : ce qui me gêne dans la foi n'est pas l'agenouillé mais l'agenouilleur. C'est clairement écrit noir sur blanc dans la préface à mon *Traité d'athéologie*. Autrement dit : je n'aurai jamais rien contre une foi intimement vécue dans le respect d'autrui. Voilà pourquoi j'ai même de l'admiration pour un moine qui vit sa foi dans chaque instant de sa vie sans jamais vouloir l'imposer à autrui – avec lequel, d'ailleurs, il a fait sécession. S'il est lié à autrui, c'est par la prière qui est censée intercéder en sa faveur.

Voilà pourquoi je n'ai rien contre la religion juive qui ignore le prosélytisme. C'est une religion centripète qui ramène au centre ceux qui sont nés juifs ; elle est d'abord une religion ethnique, nationale et identitaire : c'est celle d'un peuple qui lutte pour sa vie et sa survie ; elle reste ensuite cette même religion qui continue à être territorialisée, certes, mais qui est aussi déterritorialisée. Jamais un juif n'imposera sa religion, ses coutumes ou son mode de vie à un non-juif. Qu'est-ce que l'athée que je suis aurait à dire contre une pareille religion ? Rien.

En revanche, le christianisme et l'islam sont des religions centrifuges : par leur universalisme, elles visent la conversion. Jadis, quand il fut fort, le christianisme paulinien ajoutait l'épée à la prédication. N'oublions pas que saint Paul est toujours représenté avec une épée à la main et que ce n'est pas parce que ce serait l'instrument de son martyre, comme le disent nombre de chrétiens, mais celui de son magistère. On ne sache pas que saint Pierre, toujours représenté avec des clés à la main, ait été martyrisé et tué avec un trousseau… Les Croisades, l'Inquisition, la conquête ethnocidaire des Amériques, le compagnonnage avec les fascismes du XXe siècle par lutte contre l'athéisme marxiste témoignent en ce sens. Depuis l'effondrement de cette religion, le christianisme n'ayant plus les moyens de l'épée, il critique les moyens de l'épée. Mais il fait de nécessité vertu.

L'islam, quant a lui, connaît ce que Nietzsche nommait « la Grande Santé ». Après la fin des décolonisations qui ont ramené certains pays libérés à leurs passés musulmans et après la chute de l'Empire soviétique qui a cessé d'être une menace impérialiste, il dispose d'une minorité active et agissante qui se propose le djihad planétaire. Il existe des milliards de musulmans : certains souscrivent à ce projet et d'autres pas. Cette tension affecte l'Occident, l'Europe, la France. Un bras de fer est mené qui oppose des tenants de la civilisation islamique et les partisans de l'Occident. Il est évident que les deux modes de vie s'opposent et que l'Occident n'a plus les moyens de faire perdurer ses valeurs. *Soumission,* le roman de Michel Houellebecq, montre les enjeux qui opposent les agenouilleurs avec ceux qui s'étaient relevés du long agenouillement chrétien.

Dès lors, je ne condamne pas une religion parce qu'elle fait des morts, c'est la nature humaine et l'athéisme a généré lui aussi ses millions de cadavres au XXe siècle. On dit de César que sa guerre des Gaules aurait occasionné la mort d'un million de Gaulois : la religion n'y était pour rien. Songeons également à Gengis Khan, à Tamerlan, à Napoléon…

En revanche, je m'insurge contre les religions qui cherchent à convertir, à imposer leur foi, à faire dominer leurs idées, leurs pratiques, leurs visions du monde. Je n'ai rien à objecter au musulman qui croit que son Dieu se soucie de ce qu'il y a dans son réfrigérateur parce qu'il soumettrait sa décision d'accorder ou non le paradis au fait que s'y trouverait une tranche de jambon ou une bière. Chacun croit comme il veut tant qu'il en va de sa seule personne. En revanche, je ne supporte pas qu'on se propose de venir sans ménagement visiter ma case congélateur pour y traquer le cochon ou la vodka.

Voilà donc ma position : rien contre la foi intime, rien contre la religion personnelle, rien contre les croyances privées, fussent-elles les plus extravagantes à mes yeux.

Mais une réaction épidermique libertaire face à quiconque veut, au nom de sa religion, changer le cours de ma vie. J'ajoute qu'il en irait de même avec des athées dans un régime qui voudrait m'imposer son athéisme officiel. Je me battrais alors aux côtés des croyants pour qu'ils puissent disposer d'une spiritualité qu'on ne persécuterait pas.

Voilà pourquoi j'aime notre correspondance : nous savons ce qui nous sépare et, parce que nous sommes de bonne intelligence vous et moi, nous savons aussi que c'est ce qui nous réunit.

MICHAËL AZOULAY : Le judaïsme accorde indéniablement une grande importance à la filiation et au « lignage génétique ». Néanmoins, si la judaïté est matrilinéaire (elle se transmet par la mère) et donc biologique, elle peut également être acquise au terme d'un processus de conversion qui constitue une sorte de naturalisation. Dans le cadre de mes fonctions rabbiniques, je suis souvent amené à accompagner des hommes et des femmes candidats à la conversion n'ayant aucun parent juif ou de père juif. Ruth la Moabite est l'archétype biblique du prosélyte. Refusant de se séparer de sa belle-mère, Noémie, elle prononcera ces paroles empreintes d'une force de volonté remarquable : « ... partout où tu iras, j'irai ; où tu demeureras, je veux demeurer ; ton peuple sera mon peuple et ton Dieu sera mon Dieu ; là où tu mourras, je veux mourir aussi et y être enterrée... » (Ruth 1, 16-17).

Le prosélyte devient alors fils ou fille d'Abraham, filiation le rattachant désormais au peuple hébreu issu du premier des trois Patriarches de la Bible (Abraham, Isaac et Jacob). Le Talmud compare l'impétrant à un nouveau-né. Le fait qu'on puisse être juif de naissance et refuser d'assumer sa judaïté tandis qu'on peut naître non-juif et choisir de le devenir démontre que la condition juive n'est pas qu'un destin. Elle est aussi une vocation. Lors de l'Exode d'Égypte, moment fondateur dans l'histoire du peuple d'Israël, selon le Midrach[1], quatre cinquièmes des Hébreux périrent durant la plaie des ténèbres (une des dix plaies qui frappèrent l'Égypte) tandis que des milliers d'Égyptiens se joignirent aux Hébreux, partageant désormais leur destinée.

La grande majorité des Hébreux fut décimée par Dieu pour avoir fait le choix de l'assimilation à la grande civilisation égyptienne.

Cette herméneutique met ainsi en exergue une dialectique toujours vivace entre *être* juif et *devenir* juif, une tension où se joue en permanence l'avenir du peuple juif.

Lorsque je m'étonnais de notre dialogue, ce n'était aucunement en raison de l'image que renvoient de vous vos détracteurs. Le succès de l'Université populaire de Caen que vous avez fondée en 2002 et animée jusqu'en 2018 ainsi que vos nombreuses publications qui font de vous un philosophe français reconnu

1. *Le Pentateuque en cinq volumes suivis des Haphtaroth avec Targoum Onqelos. Accompagné du commentaire de Rachi traduit en français. Traduction française du Rabbinat français*, *op. cit.*, t. II : *L'Exode*, p. 97.

mondialement m'ont fait bien plus forte impression que l'opinion de vos contempteurs. Je songeais simplement à cette correspondance improbable entre un philosophe athée et un homme de religion, car, quoi que l'on pense des enfermements identitaires, le titre de rabbin vous assigne d'emblée à une identité. À bien y réfléchir, notre dialogue comme tout dialogue sincère met en lumière des divergences et des convergences de pensées. Or, nos chemins se rejoignent sur des points essentiels. Ainsi, lorsque vous affirmez que l'historicité de Jésus ne change rien au fait qu'il existe « une vérité du christianisme », je crois entendre la « vérité du judaïsme » énoncée par Emmanuel Levinas arguant que « ce n'est pas le passé d'Israël qui forme l'enseignement de la Bible, mais le jugement porté sur cette histoire. Faux ou vrai ? Cela ne dépend pas des documents profanes qui confirment ou infirment la matérialité des faits relatés, mais de la vérité humaine de cet enseignement[1] ».

Je partage également votre opinion selon laquelle la foi, qui est par essence personnelle, doit relever de la sphère intime. Un éminent penseur juif français, rabbin et philosophe, Léon Askénazi[2]

1. Emmanuel Levinas, *Difficile liberté. Essais sur le judaïsme, op. cit.*, p. 192.

2. Il fut, avec Emmanuel Levinas et André Neher, l'un des principaux artisans du renouveau de la pensée juive en France après la Seconde Guerre mondiale.

(1922-1996), aimait à dire qu'il fallait toujours se méfier de ceux qui prétendent parler au nom de Dieu, à ce point persuadés de détenir la vérité qu'ils se sentent investis de la mission de propager la « bonne parole ». Je vois dans nos échanges une ode au principe de laïcité qui, tout en garantissant la libre expression publique de sa foi, de son athéisme ou de son anticléricalisme, prohibe toute forme de prosélytisme. Vous avez raison, à ce titre, de souligner le caractère non prosélyte du judaïsme. Je nuancerais toutefois votre propos : selon l'historien et ancien ambassadeur d'Israël en France Élie Barnavi, ce non-prosélytisme n'est pas consubstantiel au judaïsme mais s'explique par la condition diasporique du peuple juif. En butte aux persécutions et luttant pour sa survie, il aurait été de la sorte prémuni contre la tentation prosélyte. Tentation à laquelle les juifs auraient peut-être succombé si leur religion avait connu le succès du christianisme ou de l'islam. Le judaïsme a donc lui aussi « fait de nécessité vertu ». Pour preuve, l'un des plus grands historiens de l'antisémitisme, Léon Poliakov (1910-1997), évoque dans son *Histoire de l'antisémitisme* la rivalité entre juifs et chrétiens durant les premiers siècles de notre ère, chacun tentant de convertir les païens à sa religion. À cette époque, il existait bel et bien un prosélytisme juif.

Une religion, tout en s'attachant à son particularisme, doit, pour échapper au danger prosélyte, accorder une place à ceux qui n'y adhèrent pas, leur reconnaître un statut juridique et religieux. C'est là que je m'éloigne de l'analyse de Barnavi, car le judaïsme, dans sa vision du monde, comporte de nombreux éléments d'intégration du non-juif. Ainsi, en se fondant sur le verset biblique « C'est pour nous qu'Il dicta une doctrine à Moïse ; elle restera l'héritage de la communauté de Jacob » (Deutéronome 33, 4), Maïmonide déduit que la Loi juive ne concerne que les juifs et les non-juifs convertis au judaïsme et ne doit pas par la coercition être imposée aux non-juifs[1]. Et ce d'autant plus que, selon le Livre de la Genèse, Dieu aurait conclu, après le Déluge, une alliance universelle avec leur ancêtre commun, Noé. Cette alliance étant antérieure à celle qui sera contractée avec le peuple hébreu au mont Sinaï, celui-là ne devrait développer un quelconque sentiment de supériorité. Le philosophe franco-israélien André Neher (1914-1988) fut l'un des grands penseurs de la tension entre ces deux alliances qu'il dénommait respectivement « noachisme » et « hébraïsme ». Le Talmud donnera au noachisme un contenu normatif contraignant, le non-juif devant se conformer à une sorte de code moral comportant sept lois : l'obligation d'établir un système judiciaire (prémunissant contre l'anarchie) ; les interdictions du blasphème (de maudire le Dieu unique), de

1. Maïmonide, *Michneh Torah*, « Lois relatives aux rois », chapitre 8, halakha (alinéa) 10.

l'idolâtrie, de l'inceste et de l'adultère, du meurtre, du vol et de consommer un membre arraché à un animal vivant (cruauté à l'égard des animaux). Selon Maïmonide, le non-juif qui obéit à ces règles ne doit pas le faire sur le seul fondement de sa raison morale mais par soumission à la volonté divine.

Si la majorité des rabbins considère que le christianisme et l'islam sont respectueux de ces lois, la dimension théologale de cette législation peut poser un problème aux athées mais également aux bouddhistes adeptes d'une religion non théiste ainsi qu'à nos sociétés sécularisées qui n'interdisent pas le blasphème ou l'adultère.

Enfin, si je n'étais pas né juif, j'aurais adhéré au bouddhisme, lequel me séduit parce qu'il va à l'essentiel avec le respect de soi et des autres. On retrouve ces valeurs dans le judaïsme, mais, outre le respect du Tout-Autre, les rites sont, par contraste, si nombreux, que l'on pourrait paraphraser Neher qui disait qu'être juif était un « dur bonheur[1] ».

---

1. Le titre du livre d'André Neher, *Le Dur Bonheur d'être juif*, fait en réalité référence aux vicissitudes de la condition juive dans l'histoire. Il est significatif que, parmi les questions posées au candidat à la conversion au judaïsme en vue de l'en dissuader, on lui demande s'il a pleinement conscience des persécutions auxquelles il s'expose en intégrant un peuple tellement honni tout au long de son histoire.

MICHEL ONFRAY : Permettez-moi cette ironie amicale et complice, mais je crains d'être plus juif que vous ! Car la spécificité du judaïsme, qui lui permet d'ailleurs d'exister bien au-delà de la durée habituelle des civilisations, je veux dire le lignage de l'héritage par la mère, me paraît singulier et à conserver si vous tenez à garder le secret de votre longévité. Quand n'importe qui peut devenir juif parce qu'il lui suffirait de le demander sans forcément le vouloir de manière intime (je songe à ces faux juifs venus un temps de Russie après l'effondrement de l'URSS...), vous ouvrez la porte à ceux qui, par cynisme, voient dans le judaïsme une occasion d'entrer dans une communauté qui n'est pas la leur et qu'ils trouvent intérêt à intégrer. Ces conversions mercenaires fissurent la transmission antédiluvienne.

Dans cet esprit, je songe à ce signe des temps nihilistes qui fait dire à certains que, nés hommes, ils se veulent femmes ou que, nés blancs, ils se voudraient noirs, les transsexuels et les transraciaux, ce qui, certes, témoigne en faveur de problèmes d'identité, aussi bien hormonaux que sociopolitiques, mais qui, surtout, contribue à cette destruction de la nature qu'on estime désormais être une donnée négligeable pour penser.

S'il existe une traçabilité génétique juive parce qu'il y a eu un peuple concentré suffisamment longtemps dans un même lieu pour créer une identité génétique, alors il faudra dire que la preuve génétique n'atteste rien ? Pourquoi pas... Mais vous faites entrer le loup nihiliste dans la bergerie identitaire.

N'y voyez aucune offense je vous en prie, car je serais blessé de vous blesser, je veux juste penser avec vous, en votre compagnie, en cheminant à vos côtés, mais je souhaiterais examiner un fait qui nous permettra de mieux penser cette question.

Henri Bergson fut le grand philosophe français juif que nous savons. Il eut un temps le désir de se convertir au catholicisme mais ne le fit pas parce que les nazis occupaient la France. Il savait en effet que ce geste intime et privé aurait pu être pris pour un geste politique signifiant sa désolidarisation d'avec le peuple juif alors persécuté.

Le gouvernement de Vichy lui a proposé le titre d'« Aryen d'honneur » – qu'il a évidemment refusé. Il s'est même ostensiblement rendu au commissariat de police pour se faire enregistrer comme juif… Le grand mufti de Jérusalem, un Palestinien pronazi qui pria dans la mosquée de Berlin sous régime nazi, Mohammed Amin al-Husseini, a été nommé, lui, Aryen d'honneur par le régime national-socialiste…

On ne peut pas, comme le fit Shlomo Sand dans son livre, expliquer ce qu'il annonce dans le titre : *Comment j'ai cessé d'être juif.* Comment pourrait-on cesser d'être ce que l'on est et devenir ce que l'on n'est pas ? démissionner d'une « ethnie fictive », écrit cet auteur ? C'est tout simplement impossible, sauf à affirmer que « l'ethnie » est fictive – donc la nier en tant que telle.

Le non-juif qui veut devenir juif ou le juif qui veut devenir non-juif nient la judéité qui est acquisition par le sang de la mère. Certes, on peut changer les règles et penser qu'on peut être juif sans croire en Dieu, sans respecter les observances et les rituels, en affirmant qu'on peut n'avoir ni père ni mère juive, mais c'est un peu comme être chrétien sans croire à la virginité de Marie, au mystère de l'eucharistie, à l'infaillibilité papale, à l'existence de Satan ou être marxiste en ayant jeté par-dessus bord la dictature du prolétariat. On se crée une religion à la carte…

Je me souviens à ce sujet d'une belle *histoire juive,* disons-le avec cette expression, car elle permet au génie juif de la rhétorique de briller de tous ses feux – je songe ici au pilpoul. J'ai écrit un livre sur Gérard Garouste, un très grand peintre qui a raconté sa maladie mentale dans un livre intitulé *L'Intranquille.* On y apprend que son père a fait fortune dans le commerce des biens de familles juives confisqués par le régime de Vichy. La vie du fils est depuis expiation de ce crime du père. Catholique de formation, Gérard Garouste déteste le christianisme paulinien qu'il estime, à juste titre, antisémite. Pour payer la faute de son père, Garouste se croit redevable à l'endroit du peuple juif, de son passé, de son présent, de son futur, de sa culture, de sa civilisation, de sa langue, de sa pensée, de sa théologie, de sa littérature, de sa tradition, de son art. Sa peinture est, si je puis dire, comme un chemin de croix juif. Il a appris l'hébreu, traduit et médite peu de phrases chaque année et a souhaité se convertir au judaïsme. Il s'en est donc ouvert à un rabbin qui l'a reçu, l'a écouté, l'a entendu et l'a invité à réfléchir une année encore, puis à revenir après ce temps d'approfondissement de sa demande. Un an plus tard, comme il fallait s'y attendre, le peintre est revenu porteur du même souhait. C'est alors qu'a fonctionné le génie juif : le rabbin lui a dit, je cite de mémoire, il me faudrait vérifier dans le livre que je ne retrouve pas : « Mais pourquoi voulez-vous devenir ce que vous êtes déjà ! » Formidable réponse qui témoigne qu'un juif ne l'est que par la mère mais que, s'il veut l'être, bien sûr qu'il peut l'être, mais la demande n'a pas de sens, puisqu'il l'est déjà *d'une certaine manière,* par son souhait, et qu'il n'y a donc pas besoin de conversion... C'est un peu comme Mitterrand répondant à un militant socialiste qui lui demandait s'ils pouvaient se tutoyer tous les deux au nom d'une vieille fraternité militante : « Si vous voulez... » Si l'on est juif, on est ce que l'on naît. Si on veut le devenir, on le peut, mais on ne le naîtra pas – sauf à faire de la sophistique en affirmant qu'il s'agit d'une seconde naissance... Il suffit alors de croire qu'on est ce qu'on n'est pas – ce qu'on n'est pas né. Avouez qu'il en va là de zigzags identitaires...

De la même manière qu'il y a, comme on dit, des francs-maçons sans tablier, autrement dit des profanes qui vivent en maçons sans avoir été initiés, il peut y avoir des juifs sans tablier, un peu comme Gérard Garouste. Nul besoin pour ce faire d'une conversion estampillée par un rabbin. Pour le coup, je serais chrétien, pis, paulinien : la véritable circoncision est celle du cœur. L'autre est à garder comme un signe identitaire d'appartenance à un peuple et pas seulement à son Livre. Nous ne sommes pas que des êtres de papier et de concepts, de conscience ou de volonté, de culture ou d'idées. Nous héritons d'autres choses que du Verbe – du Logos.

Sur la laïcité. De la même manière que j'aime l'égalité mais pas l'égalitarisme, qui est religion de l'égalité, ou que j'aime la liberté mais pas le libertarisme, qui est religion de la liberté, j'aime la laïcité mais pas le laïcisme, qui en est la religion.

La religion ne va pas pour moi, excusez-moi de vous le dire, là aussi, là encore, car je ne voudrais pas vous blesser (mais je sais que d'aucuns échappent à cette définition, dont vous, ce qui justifie notre échange...), sans une intolérance à l'endroit de ceux qui n'y sacrifient pas. Et c'est en ce sens que j'utilise le mot « religion ». La religion de la laïcité s'accompagne d'une intolérance à toute manifestation d'appartenance religieuse.

Je précise en passant que certains pratiquent une religion sélective de la laïcité en tolérant plus volontiers l'islam que le christianisme ou le christianisme que l'islam, sinon l'islam que le judaïsme ou le judaïsme que l'islam.

Ma laïcité libertaire athée me fait accepter qu'on porte des signes religieux sans que j'estime qu'ils sont ostensibles. Le philosophe que j'essaie d'être croit moins aux vertus de l'interdiction, de la judiciarisation, de la pénalisation, de la criminalisation, de la stigmatisation qu'à celles de la conversation.

Plutôt que d'interdire le burkini sur les plages, entamons donc une conversation théologique médiatique avec les musulmans qui en préconisent le port. Questionnons-les sur la nature d'un Dieu qui interdirait le paradis aux femmes qui portent un bikini mais qui l'ouvrirait à celles qui portent un burkini. Demandons leurs raisons à ceux qui pensent que Dieu regarde dans le réfrigérateur des croyants avant de décider de sauver ou de damner son propriétaire. Je suis un laïc voltairien sur ces affaires...

Ma laïcité athée ne passe pas par une interdiction (ni signes juifs, ni signes chrétiens, ni signes musulmans, ni signes sikhs, etc.), mais par une cohabitation (signes juifs et signes chrétiens et signes musulmans et signes sikhs, etc.). Le problème de l'impossibilité du *en même temps* est à mettre en relation avec d'autres problèmes : l'effondrement de l'État, la haine de soi française, l'écroulement de la république, l'abolition d'une morale collective, la religion du communautarisme, autrement dit : la généralisation du nihilisme. En pareil cas, la revendication identitaire est une étincelle, mais elle ne saurait mettre le feu là où il n'y aurait pas eu tant de poudre répandue...

Je ne souscris pas à la thèse d'Élie Barnavi selon laquelle le peuple juif aurait été prémuni de la tentation du prosélytisme pour la raison qu'il n'aurait pas connu le succès du christianisme ou de l'islam – un succès qui aurait pu le rendre prosélyte. J'y vois un paralogisme. Car c'est *parce qu'il* n'est pas prosélyte que le peuple juif n'a pas connu le succès que les deux autres monothéismes ont connu *du fait* qu'ils étaient prosélytes et universalistes... En tant que religion nationale et identitaire (mais je parle sous votre contrôle : y aurait-il dans la Torah des textes qui me donneraient tort et qui montreraient ne serait-ce qu'un seul verset invitant à l'universalisme ? je n'en ai pas le souvenir...), le judaïsme n'avait aucune raison de conquérir la Chine, l'Inde, l'Afrique ou les Amériques... C'est donc le texte juif lui-même qui s'avère incompatible avec le prosélytisme et non l'insuccès planétaire d'un peuple qui n'a jamais aspiré au succès sur le mode impérialiste militaire. À quoi bon d'ailleurs quand la théorie de la relativité, le dodécaphonisme, le marxisme, le léninisme, le trotskisme, le freudisme, le dadaïsme, la phénoménologie, le déconstructionnisme ont permis à la diaspora juive d'exprimer de façon planétaire une formidable puissance déterritorialisée ?

Enfin, et comme pour revenir à mon point de départ qui me faisait vous dire de façon amicale que peut-être étais-je le plus juif de nous deux, vous semblez vouloir me donner raison en me disant que le rabbin que vous êtes, s'il devait avoir une autre religion, serait bouddhiste... pour ne pas avoir à supporter le poids des rites.

Vous êtes un rabbin singulier qui pensez que la croyance en Dieu n'est pas l'essentiel, que l'on peut être juif par volonté et que la transmission de la judéité par la mère n'est pas la seule façon de devenir juif, que les rites sont pesants et qu'une religion sans rites présente un intérêt certain. Si je puis utiliser la fameuse distinction pascalienne, vous semblez plus croire au Dieu des philosophes qu'au Dieu d'Abraham et de Jacob…

Michaël Azoulay : Vous me surprenez par votre esprit de déduction talmudique qui corrobore vos possibles origines juives. Nous n'avons jamais fait connaissance autrement qu'à travers cet échange épistolaire et vous m'avez pris au piège de mes contradictions. Je me fais souvent la réflexion que l'intellectualisme ne favorise pas la transmission de la foi à ceux, fidèles de sa synagogue comme ses propres enfants, auxquels vous espérez la communiquer. Le registre émotionnel y est plus propice mais j'y suis réticent. En effet, un discours religieux qui ne puise son inspiration que dans cette tonalité s'expose à deux écueils parfaitement résumés par le philosophe écossais David Hume (1711-1776) dans le titre même de son essai *Of Superstition and Enthusiasm*[1] (1741). Par « *enthusiasm* », Hume entend le zèle religieux qui peut

1. Cet essai a été traduit de l'anglais en 2010 par Philippe Folliot, professeur de philosophie, et produit en version numérique sur le site http://arsmagica.fr

mener au fanatisme. *A contrario*, en m'adressant à mes auditeurs, j'ai constamment à cœur de leur transmettre l'intelligence et la pondération du judaïsme. Les bondieuseries comme l'exaltation me sont insupportables. Si bien que j'assume sans ciller mon attachement au Dieu des philosophes, à un « Dieu d'adulte », pour reprendre l'expression lévinassienne, plutôt qu'au Dieu personnel des Patriarches. Et ce pour la même raison que celle qui vous a poussé à renoncer, pour reprendre vos termes, aux « fables », aux « histoires » et aux « fictions inventées dans les textes dits sacrés enseignés aux enfants à l'âge où ils y sont sensibles ». « Le Dieu d'Abraham et de Jacob » a en effet quelque chose d'infantilisant s'il n'est que cela. Et j'ai pour soutien d'illustres penseurs du judaïsme. Parmi eux figure Maïmonide avec son *Guide des égarés* dont vous avez compris, tant je le cite, combien il m'inspire, et qui rejette toute idée de corporéité chez Dieu, idée pourtant très répandue à l'époque, y compris chez les rabbins. Je suis quelque part sorti de l'enfance le jour où j'ai découvert le Dieu de Maïmonide et son interprétation rationnelle des anthropomorphismes de la Bible. C'est là un des multiples paradoxes du judaïsme de conjuguer le Dieu personnel et le Dieu des philosophes dans une même prière. Ainsi, lorsqu'un juif bénit Dieu, il commence par le tutoyer, « Béni sois-tu », avant de citer le Nom ineffable (le Tétragramme prononcé Adonaï) et de le qualifier de « Roi de l'Univers »,

Dieu étant « infiniment élevé au-dessus du monde et des hommes, inaccessible et insaisissable dans sa toute-puissance créatrice… L'immanence et la transcendance divines sont ainsi comprises dans chacune de nos formules de bénédiction[1] ». Le judaïsme a beau être une foi, il n'en est pas moins une sagesse.

Je partage avec vous le constat que vous faites d'une époque relativiste à l'excès, tentant de préserver mes enfants de cet effacement des repères. Notre temps est caractérisé par une grande confusion avec la remise en cause des sexes, des genres, des rôles sociaux et des places au sein de la famille. La question du rapport de l'homme et de la femme à leur corps se pose également avec une particulière acuité. Paternité, maternité, masculinité, féminité apparaissent comme des constructions sociales à repenser. On serait tenté de travestir le verset de l'Épître aux Galates (3, 28) : « Il n'y a plus ni Juif ni Grec, il n'y a plus ni esclave ni homme libre, il n'y a plus *ni homme ni femme…* »

Ainsi, de plus en plus de formulaires demandent si vous êtes un homme, une femme ou « autre » tandis que la presse destinée à la jeunesse consacre des dossiers au genre neutre. Le site du planning familial accomplit l'exploit d'occulter le fait que

1. Élie Munk, *Le Monde des prières*, Paris, Comptoir du Livre du Keren Hasefer, coll. « Les sources du judaïsme », 1958, p. 31.

seules les femmes ont des règles, un utérus et peuvent être enceintes en recourant systématiquement à l'écriture inclusive. Il y est question de *personnes* qui ont un utérus auxquelles on explique comment ne pas tomber *enceint.e* [*sic !*] sans l'avoir voulu.

Jour après jour, de manière plus ou moins explicite, dans la presse, y compris celle destinée aux plus jeunes, les séries télévisées, les publicités, la norme hétérosexuelle est patiemment déconstruite, relativisée ; les orientations (homo) sexuelles et le « genre neutre » se voient préférés à la différence sexuelle qui est de plus en plus niée en dépit de la réalité biologique. J'en arrive à envier ceux que les médias qualifient de « juifs ultra-orthodoxes » inventeurs du smartphone *cacher*[1], qui ne dispose ni de navigateur Internet ni de connexion Wi-Fi afin de protéger les plus jeunes (et même les moins jeunes) de la « perversion de leurs esprits par le monde laïque ». L'ouverture de la PMA aux couples de femmes constitue un exemple éloquent de négation de la différence sexuelle. Autrefois réservé aux couples hétérosexuels et justifié par une indication médicale d'infertilité, le recours à ces techniques de procréation est désormais motivé par une évolution sociétale puisqu'il se voit

1. Terme hébraïque désignant les aliments autorisés à la consommation selon les lois alimentaires juives. Par dérive sémantique, ce mot est utilisé pour qualifier moralement des personnes, voire des objets.

étendu aux couples lesbiens. Cet élargissement se fait au mépris du fait « que la procréation (assistée ou non) n'a que faire des *orientations sexuelles*, et qu'elle a en revanche tout à voir avec l'asymétrie des deux sexes [...]. Dans ce domaine, un couple de même sexe n'est pas équivalent à un couple sexuellement mixte [...]. Parler de l'*infertilité* d'une personne seule, d'une femme ayant passé l'âge de la ménopause ou d'un couple de même sexe est un pur non-sens[1] ».

Que les lecteurs ne se méprennent pas sur l'auteur de ces lignes qui, au demeurant, partage certaines conclusions des études de genre. Des études qui critiquent « l'idée que le genre et l'orientation sexuelle seraient déterminés génétiquement, en arguant que l'environnement socioculturel et l'histoire d'une vie sont tout aussi déterminants, voire plus[2] ». En 2015, j'écrivais :

« Les rôles assignés aux hommes et surtout aux femmes seraient ainsi prétendument "naturels" alors qu'ils sont en réalité une construction sociale, elle-même fruit d'une longue histoire de domination masculine. Peut-on prétendre honnêtement que tous nos textes (religieux) sont demeurés hermétiques aux stéréotypes culturels du féminin et

---

1. Sylviane Agacinski, *L'Homme désincarné. Du corps charnel au corps fabriqué*, Paris, Gallimard, coll. « Tracts », 2019, p. 26.

2. Selon la définition de la « théorie du genre » donnée par un hors-série du *Point*, « Homme, femme, les lois du genre », daté de juillet-août 2013.

du masculin ? » Il est vrai que les textes bibliques et plus encore la littérature rabbinique assignent des fonctions différentes aux hommes et aux femmes. Indéniablement, le judaïsme, pour lequel il existe une « irréductibilité biologique attachée au sexe », celle-là même que dénonce la célèbre théoricienne du genre Judith Butler, est différentialiste comme en témoigne la diversité des devoirs selon sa catégorie. La femme y a un statut juridique différent de celui de l'homme, comportant des droits et des obligations spécifiques. « Il n'en demeure pas moins que certains raccourcis [...] éminemment contestables à l'aune de l'évolution du statut socioprofessionnel des femmes en Occident » doivent être dénoncés, à commencer par le confinement de la femme à la vie domestique. « Si nos textes [religieux] s'inscrivent en faux contre les études de genre lorsqu'elles aboutissent à confondre égalité entre les sexes et identité absolue entre eux, il me semble qu'afin de remédier à un certain rapport inégalitaire entre les sexes auquel les juifs n'échappent pas nous aurions intérêt à accepter de déconstruire un certain nombre d'idées reçues [...] en nous inspirant de la démarche critique qui caractérise les études de genre. » Plusieurs exemples d'interprétations biaisées des textes en apportent la preuve. Ainsi, dans le récit de la Genèse, subséquemment à la transgression de l'interdit de consommer le fruit défendu, « Dieu annonce la domination masculine sur la femme [...] mais il annonce aussi la pénibilité du travail et l'accouchement dans la douleur ». Or, aucune autorité rabbinique n'a jamais condamné le recours à la péridurale pour atténuer les douleurs de l'accouchement. « Par ailleurs, ne faudrait-il pas contextualiser certains rôles dévolus aux hommes et aux femmes au sein du couple... qui, manifestement, ne semble plus correspondre à celui que décrivait Maïmonide il y a près de huit cents ans : “Il est indigne pour une femme de sortir en permanence tantôt à l'extérieur, tantôt dans les rues. Et le mari doit empêcher sa femme d'agir de la sorte, ne la laissant sortir qu'une ou deux fois par mois, selon les nécessités ; car rien ne convient mieux à une femme que de demeurer dans sa maison, ainsi que l'atteste le verset des Psaumes (45, 14) : Toute resplendissante est la fille du roi dans son intérieur[1].” Maïmonide s'exprimait au sein de “la société musulmane où la claustration des épouses constituait la norme”. Le pas n'est-il pas aisément franchi par le lecteur d'ériger cette norme sociale en règle religieuse parce que consignée dans un code de droit religieux ? » Je concluais qu'« il serait peut-être temps d'en finir avec les visions simplistes de la masculinité et de la féminité... et de s'interroger sérieusement sur ce qui... relève de la part biologique ou de la part culturelle[2] ».

1. Michneh Torah, « lois matrimoniales », chapitre 13, loi 11.
2. Michaël Azoulay, *Une voix juive dans les débats de sociétés*, Paris, SAB Print, p. 29 *sq*.

Venons-en à présent à ma définition du judaïsme qui vous paraît exagérément volontariste. Vos critiques m'obligent, et c'est heureux, à préciser ma pensée. Je n'ai jamais sous-estimé le principe de matrilinéarité (ce que vous appelez « le lignage de l'héritage par la mère ») et ce que lui doit notre survivance. Il existe dans le droit hébraïque une véritable obsession de la filiation et de son établissement. Ainsi, dans un traité talmudique consacré au mariage (la filiation d'une personne pouvant faire obstacle à son union avec une autre), on trouve un chapitre qui énumère et explicite des cas de filiation allant des plus simples aux plus complexes (enfants issus de mariages exogamiques, enfants issus de père et/ou de mère inconnus, etc.)[1].

Cependant, si la conversion au judaïsme, bien qu'exigeante, est prévue par la Loi juive, c'est que l'appartenance au judaïsme n'est pas uniquement ethnocentrique, ce qui me semble salutaire si les Juifs ne veulent pas se voir reprocher ce dont ils ont tellement souffert au cours de leur histoire : le racisme vis-à-vis des non-Juifs.

L'ethnie n'est pas fictive mais elle ne saurait pour autant être exclusive, endogamique.

---

1. Talmud de Babylone, traité *Qiddouchin*, p. 69, folio a. Le chapitre qui définit ces généalogies est intitulé « Dix catégories de filiations ».

Lorsqu'une personne souhaite se convertir au judaïsme, les rabbins doivent s'assurer au préalable que sa démarche est sincère et non motivée par un intérêt autre que celui d'intégrer le peuple juif et son histoire. Ils doivent également lui signifier qu'elle devra adopter l'ensemble des rites et des croyances du judaïsme. Il s'agit d'une sorte de naturalisation qui donne à penser ce que devrait impliquer pour un individu l'acquisition d'une citoyenneté : plus qu'une simple démarche administrative, cette décision doit reposer sur l'adhésion à une histoire – le converti adopte un prénom hébraïque, généralement celui d'un personnage biblique – et l'acceptation de principes et de valeurs qui octroient des droits mais également des devoirs. Le judaïsme, parce qu'il comporte de très nombreux commandements, est peu revendicatif. Il est une morale du devoir qui, au « droit à », préfère le « devoir de ».

La prééminence des liens du sang maternel empêchant de sortir du peuple juif que vous mettez en avant trouve toute sa pertinence dans l'impossibilité pour un juif de ne plus l'être retenue par la plupart des docteurs de la Loi juive dont Rachi. Ainsi, un juif qui abjure sa foi, sous la contrainte ou par choix, reste juif. En France, la question s'était posée avec le cardinal Aron Jean-Marie Lustiger (1926-2007) issu d'une famille juive ashkénaze et qui se convertit au catholicisme à l'âge de quatorze ans. Le grand rabbin Sitruk, non sans humour, l'appelait le « cardinal juif »...

Quant à votre opinion selon laquelle on n'entre pas non plus dans le peuple juif, elle fait écho à l'opposition de certains sages du Talmud à l'accueil des prosélytes au motif que « les prosélytes sont aussi nuisibles à Israël que la lèpre[1] ». Parmi les interprétations de ce jugement peu amène, on trouve la vôtre, à savoir le manque de sincérité du converti, sorte de « vice caché » de sa conversion[2], mais également l'idée que les juifs de naissance (« par le sang de la mère »), parce qu'ils n'ont pas librement choisi de naître juifs, supportent mal la comparaison avec l'enthousiasme et la fraîcheur de ces « nouveaux juifs ».

Je suis sensible à votre idée selon laquelle un non-juif qui souhaiterait se convertir serait, d'une certaine manière, déjà juif, car elle m'a remémoré un passage talmudique qui enseigne que, lorsque les Hébreux rassemblés au pied du mont Sinaï reçurent la Torah, les âmes de tous leurs descendants ainsi que celles des futurs prosélytes assistaient à cet événement. Le Talmud appuie ses dires sur les versets suivants : « Et ce n'est pas avec vous seuls que j'institue cette alliance et ce pacte ; mais avec ceux qui sont aujourd'hui placés avec nous,

1. Talmud de Babylone, traité *Qiddouchin*, p. 70, folio b.
2. De nombreux exégètes identifient les instigateurs des multiples révoltes des Hébreux dans le désert après l'Exode d'Égypte aux Égyptiens prosélytes qui quittèrent leur pays avec les Hébreux.

en présence de l'Éternel notre Dieu, et avec ceux qui ne sont pas ici, à côté de nous, en ce jour » (Deutéronome 29, 13-14). Le converti serait par conséquent déjà entré dans l'Alliance contractée entre Dieu et Israël bien avant de solliciter cette intégration.

Je trouve pertinente votre critique de la laïcité érigée en religion qui sévit aujourd'hui dans l'Hexagone et dont pâtissent parfois les juifs français désireux de pratiquer leur religion. Cette laïcité intransigeante peut être interprétée comme une réaction face à l'islamisme qui soulève la question des limites à la « conversation théologique ». Limites que vous ne semblez pas poser. Giorgio Agamben disait que « la pensée est le courage du désespoir ».

Enfin, même si les rites peuvent être pesants, ils peuvent aussi être libérateurs et représenter des repères précieux dans un monde qui en manque cruellement. Prenons par exemple le chabbat, ce jour de repos hebdomadaire au cours duquel les interdits sont légion, mais durant lequel il est si gratifiant de ne pas avoir à subir, le temps d'une soirée et d'une journée[1], la dictature des nouvelles technologies qui saturent notre quotidien.

1. Le chabbat commence le vendredi peu avant le coucher du soleil et se termine le lendemain à la « sortie des étoiles », c'est-à-dire à la nuit tombée.

Le chabbat, septième jour de la semaine, correspond dans le récit de la Genèse au jour où Dieu cessa (*chabbat* signifie littéralement « cessation ») de créer au terme de l'œuvre génésiaque. Le chabbat est également relié dans la liturgie juive – dans le *Qiddouch* récité sur une coupe de vin chaque vendredi soir avant le dîner – à la sortie d'Égypte et à la fin de l'esclavage. Ce jour singulier est donc à la fois « souvenir de la création du monde » où l'homme interrompant son travail renonce à sa domination du monde, et « souvenir de la sortie d'Égypte », c'est-à-dire jour de libération d'une activité professionnelle qui deviendrait une servitude si elle ne connaissait aucune limite dans le temps. Car la tentation est grande de succomber à l'aliénation sans limites du travail. Pour un observateur extérieur, le chabbat ressemble à un carcan. La Loi orale énonce en effet trente-neuf travaux principaux interdits, ceux-là mêmes qui furent nécessaires pour édifier le tabernacle qui accompagnait les Hébreux dans le désert, auxquels s'ajoutent les travaux qui en sont dérivés et de multiples interdictions rabbiniques. Ces actions prohibées touchent à tous les domaines de l'activité humaine, de la préparation des aliments et des vêtements à l'écriture et au feu, et jusqu'au transport d'un objet d'un domaine privé à un domaine public. L'usage du mobile multifonction, de l'ordinateur, de la voiture, et plus généralement de tout appareil qui fonctionne à l'électricité y est proscrit. « Néanmoins, pour celui qui vit ce repos hebdomadaire, il n'est pas de plus grand sentiment de liberté que de s'affranchir de tous les gestes réflexes de la semaine » pour ne se consacrer qu'à sa famille et à ses proches. « En définitive, le chabbat est une barrière entre le monde extérieur et le chez-soi. Il introduit dans l'existence une dimension essentielle, dont le monde contemporain, livré à la démesure, doit absolument prendre conscience. À un projet prioritairement économique, obsédé par la satisfaction du besoin et le culte de la croissance, il oppose une vision d'avenir liée non à un manque, mais à une plénitude. Il rappelle l'indispensable valeur de la limite et du lien entre les générations[1]. »

Si je vous ai fait part de l'attrait qu'exerce sur moi une religion morale ne comportant aucun rite contrairement au judaïsme – et je répondrai ainsi à votre perplexité de me voir relativiser l'importance de croire en Dieu, c'est parce que la tradition juive affirme la primauté de la morale qui régit les relations sociales sur la religion définie au sens strict comme « reliant » l'homme à Dieu, là où les rites sont les plus nombreux. J'en veux pour preuve l'affirmation d'un sage du Talmud, ayant acquis force de loi, selon laquelle, le jour le plus

1. Michaël Azoulay, *Le monde qui vient. Sagesse juive en temps d'incertitude*, Paris, Salvator, 2021, p. 106, 107 et 108.

sacré du calendrier hébraïque, le Yom Kippour (« Jour du Pardon »), ne sont pardonnés que les péchés commis vis-à-vis de Dieu mais nullement les offenses faites à son prochain[1]. Dieu ne peut se substituer à ce dernier, qui, seul, s'il y consent, accorde son pardon.

1. Talmud de Babylone, traité *Yoma*, p. 87, folio a.

MICHEL ONFRAY : Je lis en souriant : « Votre esprit de déduction talmudique atteste vos possibles origines juives », car cette phrase manifeste un doute à une certitude apportée par l'analyse ADN… Je souris également qu'en revanche vous fassiez de « l'esprit de déduction talmudique » le signe de la véritable appartenance au judaïsme… Car, ce faisant, vous niez que le sang parle et vous affirmez que la parole est le seul sang qui vaille ! Ce qui conduit à un étrange paradoxe : le sang juif ne ferait pas le Juif chez un Juif parce que l'art rhétorique le ferait – y compris chez un non-Juif… De sorte qu'un Juif selon la tradition ne le serait pas pendant qu'un être habile en sophistique, en dialectique, en rhétorique, en logique le serait. Nous retrouvons la matière de notre précédent échange…

Je voudrais vous raconter une étrange histoire qui m'est arrivée avec Claude Lanzmann. Il fut un temps (je parle au passé car je ne sais plus où il en est avec moi depuis que nombre de polémiques orchestrées par quelques-uns, dont certains sont juifs, sur mon travail, notamment sur Freud, ont largement répandu la calomnie que j'étais antisémite...) où il appréciait mon travail et me le disait. Fort de cela, je l'avais invité à présenter ses films à Caen. Il est venu. Lors du repas qui a suivi ces deux journées où il a ostensiblement snobé ceux qui étaient avec nous pour ne parler qu'avec moi, il a réitéré les choses gentilles qu'il disait à mon propos. S'étonnant de ma méthode, de mon travail, de ma culture et d'autres choses, il m'avait dit de très belles paroles. Je l'avais accompagné à sa voiture. Il avait un vélo dans la malle et souhaitait en faire un peu avant de rentrer à Paris... Puis, me regardant, il me dit : « Vous ne seriez pas un peu juif par hasard ? » Je lui avais alors répondu que c'était possible, mais que la chose n'avait jamais pu être tranchée – c'était avant le test ADN... Il avait alors répondu une chose qui m'avait sidéré : « Ça ne m'étonne pas parce que moi, je les sens... » En même temps qu'il me disait ça, il portait son index à son nez ! Je me suis alors dit : « Claude Lanzmann, le réalisateur de *Shoah*, est en train de me dire qu'il sent les Juifs... » Je sais bien que montrer son nez, utiliser le mot « sentir » peut n'être qu'une métaphore olfactive pour dire « je les détecte », « je les repère », mais tout de même... Je l'ai regardé partir en me demandant si la scène que je venais de vivre avait bien eu lieu.

Je voudrais également ajouter deux autres histoires dans le même esprit. J'ai un jour raconté à quelqu'un avec qui j'avais travaillé pendant longtemps chez l'un de mes éditeurs et qui était juif ce que ce test ADN m'avait appris alors qu'il ignorait ma parentèle. Il m'a alors répondu : « Enfin ! »... Un troisième, dans le même milieu, m'avait, lui, répliqué : « Ça ne m'étonne pas. » Il y a dans ces trois paroles juives une communauté d'esprit : un je-ne-sais-quoi qui exprime la judéité. Le mot qu'on trouve déjà chez Pline et auquel Jankélévitch a donné sa publicité au XXe siècle dit bien sans pouvoir mieux dire : un je-ne-sais-quoi. Certes, ça n'est pas un rapport d'analyse d'ADN, mais un genre de *sfumato* intellectuel. Mais tel qu'on le conçoit, c'est l'impossible définition d'une chose indéfinissable qui nous est ici donnée. Voilà pour quelle raison la sagesse des talmudistes qui tranchent non pas en faveur d'un vouloir libre qui déterminerait, mais d'une nécessité qui fait la loi me va...

Cette articulation, qui vous installe du côté de la volonté et du choix et qui me range du côté de la nécessité et du déterminisme, vous l'avez bien compris, et vous avez raison de le signaler, apparaît comme majeure. Et vous avez également raison de dire que l'existence de Dieu, à laquelle vous croyez, devrait vous placer dans mon camp alors que mon athéisme (je n'ajoute pas : auquel je crois...) devrait m'installer dans le vôtre ! Vous devriez militer pour le pur déterminisme et je devrais professer le libre arbitre tout puissant. Or, c'est le contraire...

Ce chiasme est en effet intéressant parce qu'il fait de nous des êtres plus complexes que ne pourrait l'imaginer à première vue l'observateur englué dans son catéchisme. Je ne voudrais pas parler pour nous deux, mais tout de même, j'ose : cette ardeur à mettre la liberté au-dessus de tout en matière épistémologique nous vaut à vous et à moi quelques solides inimitiés. La pensée libre et la liberté de penser ne sont pas les choses du monde les mieux partagées. Voilà pourquoi d'ailleurs notre correspondance n'est pas un exercice attendu entre un croyant insensible à la raison et un philosophe insensible à la foi. C'est votre raison que j'interroge et c'est ma foi que nous questionnons sous forme d'absence...

Nous pécherions par excès, écrivez-vous. Je ne crois pas. C'est affaire d'idiosyncrasie, j'y reviens... Et vous et moi sommes ainsi faits que l'interrogation nous fascine plus que l'affirmation, la question plus que la réponse – du moins : l'interrogation associée à sa réponse et la question à sa solution. Car le culte de la question sans souci de sa réponse est aussi stupide que celui de la réponse sans la question qui l'a rendue possible.

Faudrait-il voir dans cette passion pour la liberté devant le texte un préalable à l'herméneutique ou à l'exégèse qui sont des arts majeurs du judaïsme ?

Possible, car le judéo-chrétien que je suis par ma formation n'a pas oublié sa part juive qui reste indépendante du test ADN ! Je suis un lecteur qui aime comprendre ce qu'il lit avant d'adhérer – ce qui n'est pas le cas de tout lecteur, hélas…

Vous parlez du « racisme » qui pourrait être interjeté aux Juifs qui en appelleraient à la preuve par le sang. J'entends bien ce que vous dites. Mais ce mot est devenu impensable tant il est accompagné aujourd'hui d'une injonction de morale moralisatrice. Il signifie tellement la haine du Blanc envers le Noir ou le Magrébin qu'il semble impossible aujourd'hui de qualifier de raciste tout Noir ou tout Maghrébin qui dirait clairement sa haine du Blanc… Un Blanc qui organiserait une réunion en disant qu'elle est interdite aux Noirs et aux Maghrébins serait poursuivi pour incitation à la haine raciale et ce serait tout à fait normal. Mais sous la rubrique du « racisé », autrement dit de celui qui ferait l'objet d'une discrimination raciale, d'aucuns justifient aujourd'hui que des réunions de Noirs soient interdites aux Blancs sans que le motif d'une poursuite au pénal soit invoqué par les pouvoirs publics.

Le politiquement correct a résolu le problème : pour supprimer le racisme, on supprime les races, et pour supprimer les races, on supprime le mot qui dit les races. Dès lors, l'affaire est réglée. On est confondu par la pauvreté intellectuelle de l'argument et par le caractère pitoyable du procédé.

Mais comment l'antiraciste pourra-t-il justifier et légitimer son combat puisqu'il combat un racisme qui, du fait de l'inexistence des races, ne saurait exister ? Comment peut-on discriminer selon les races si les races n'existent pas ? Le séminaire organisé par les « racisés » qui interdit l'entrée aux Blancs a bien besoin de la catégorie de « Blanc » qui est… raciale – puis raciste quand on s'en sert pour discriminer !

On comprend bien que dans l'expression « race inférieure » le problème soit moins le mot « race » que le jugement « inférieur ». L'existence des races a beau être interdite verbalement, les faits invalident cette fiction – le fait de l'ADN par exemple, pour n'en prendre qu'un. Autant décréter l'interdiction du mot « cancer » en estimant qu'ainsi on abolira sa réalité tragique.

L'un de mes amis qui dirige un laboratoire de recherche ADN valide ma thèse, mais m'affirme qu'il est interdit de la professer sous peine de poursuites juridiques ! Quand on sait quelles informations on obtient par le séquençage d'une analyse ADN, on reste confondu par les données délivrées.

Le racisme ne consiste pas à affirmer qu'il existe des races mais à les hiérarchiser en estimant que certaines sont supérieures à d'autres. De la même manière que le sexisme n'est pas l'affirmation qu'il existe deux sexes mais l'affirmation d'une hiérarchisation de ces deux sexes, entre l'un qui serait supérieur et l'autre inférieur. La différence n'est pas une inégalité : l'inégalité n'apparaît que dans le cas d'un ordre hiérarchique imposé dans la différence.

Voilà pourquoi le caractère ethnique du judaïsme peut être avancé sans qu'il soit question de racisme. Le racisme ne surgirait que si une hiérarchie était construite à partir de cette ethnie si elle s'estimait supérieure. Le groupe sanguin A+ n'est pas supérieur au groupe A- qui ne l'est pas non plus aux groupes O ou AB… C'est un même sang diversement modifié, pourrait-on dire…

Sur les motivations à la conversion. J'ai parfois eu l'impression avec tel ou tel qu'un violent philosémitisme venu de la part de gens qui ne sont pas juifs témoigne d'une étrange passion dans laquelle l'antisémitisme n'est pas pour rien. Par peur de l'être ou de le devenir, ou de laisser montrer en soi quelque chose qui y ressemblerait, on imprime par réaction un fort mouvement de balancier ontologique dans le sens inverse de sa pulsion et l'on se trouve à surjouer une posture.

Car être juif n'est pas plus problématique que de ne pas l'être. À la lumière de mon expérience, je pourrais dire que je l'ai été longtemps sans le savoir et sans m'en douter (jusqu'à ce test…) puis que je le suis devenu en le sachant, et que ça n'a rien changé à ce que j'étais et à ce que je suis.

Ma mère même, à qui j'ai annoncé cette information, m'a dit : « Alors que faut-il en penser ? » C'est une donnée qui n'est pas de second plan, mais elle n'est pas non plus de premier plan. Elle est et elle n'est que ce qu'on en fera. L'invitation célèbre de Pindare « Deviens ce que tu es » prend ici tout son sens ! Mais cette proposition du poète grec laisse entendre également que l'on peut ne pas devenir ce que l'on est…

Sur le dialogue avec les musulmans : vous en doutez. Eh bien je vais vous faire un aveu : moi aussi. Ce qui ne m'empêche pas de le vouloir tout de même, en désespéré qui sait qu'il est trop tard, mais qu'on ne peut se contenter de baisser les bras et d'entrer en soumission – pour le dire avec un mot que les catholiques ont longtemps fait leur dans le « Notre Père » avant de l'abandonner cette fin d'année 2017, peut-être depuis que Houellebecq lui a donné l'écho que l'on sait…

On ne peut rien contre les grands mouvements de civilisation quand ils ont pris une ampleur qui nous contraint à y assister sans plus aucune chance d'obtenir autre chose que leur déroulement.

Interdire voile, burka ou burkini n'obtient pas d'autre effet que de les rendre désirables pour les femmes et leurs complices qui trouvent là un bon marqueur pour dire leur haine de l'Occident et des mécréants, pour provoquer. L'interdiction existe déjà, elle n'est jamais respectée, la police laisse faire et n'intervient pas, la justice non plus par crainte de représailles venues de la communauté musulmane radicale et de ses affidés, puis des organisations intellectuelles et médiatiques qui soutiennent ces provocations et n'attendent que ça. Or, interdire une chose qu'on n'a pas les moyens d'interdire, c'est avouer que notre État a failli, que notre civilisation n'a plus les moyens d'être et de durer face à ce qui en veut la fin.

En attendant, par élégance et par devoir intellectuel et moral, je pense qu'il faut faire ce travail voltairien d'une déconstruction théologique par l'absurde, l'humour, le rire et l'ironie qui, comme chacun sait, est la politesse du désespoir…

MICHAËL AZOULAY : La scène vécue avec Claude Lanzmann que vous relatez m'évoque celle du film *Exodus* (1960) qui retrace l'histoire mouvementée de ce vieux bateau éponyme qui, en 1947, conduit des réfugiés juifs jusqu'aux frontières de la Palestine mandataire. Dans une séquence, le commandant juif du navire incarné par Paul Newman, facétieux, demande à un général britannique antisémite s'enorgueillissant d'être capable de « sentir les Juifs » de souffler dans son œil pour en chasser une poussière. Il s'exécute, sans réaliser qu'il vient de rendre service à un Juif.

Vous reconnaître une « manière juive de raisonner » était, au-delà de la boutade, une façon de corroborer votre propos sur la « formidable puissance déterritorialisée de la diaspora juive » que vous mettiez en avant pour souligner l'inutilité de la conversion au judaïsme. La dialectique du Talmud de Babylone, œuvre de diaspora, a certainement franchi les limites du monde juif.

Vous voir soutenir que l'existence des races serait prouvée par la génétique me paraît plus préoccupant. L'ADN démontre au contraire l'existence d'une seule « race » très homogène, l'espèce humaine, sapant de la sorte tout fondement aux théories racistes. Vous semblez ainsi faire d'une vérité scientifique une opinion politique discutable. En revanche, vous avez raison de voir le danger dans la hiérarchisation des êtres et des sexes.

Un texte de la tradition orale du judaïsme commente le récit de la Genèse qui attribue à l'humanité un seul père (Adam) comme un *modus operandi* : cette paternité commune permet de « conserver la paix entre les créatures », car elle évite « qu'un homme puisse se targuer devant un autre homme [comme d'un mérite] d'avoir un père plus grand que le sien[1] ». En outre, le judaïsme est parfois qualifié de sexiste au motif que le fait que les femmes soient exemptées de certaines obligations rituelles auxquelles sont astreints les hommes dénoterait leur infériorité. Or, cette différence s'explique par l'idée de complémentarité entre les hommes et les femmes à laquelle est attachée la tradition juive. N'en déplaise à Simone de Beauvoir, la femme n'est pas un homme comme les autres.

1. Talmud de Babylone, traité *Sanhédrin*, p. 37, folio b.

Permettez-moi de développer ma pensée quant à l'accusation de racisme (généralement déguisée en grief de communautarisme) dont pourrait souffrir le judaïsme et par voie subséquente les Juifs, s'il ne prévoyait pas la possibilité de la conversion. Dans mon esprit, il s'agissait surtout de mettre en avant l'apport extérieur du converti au peuple juif, qui prémunit ce dernier contre la tentation d'un judéocentrisme où se mêlent autosuffisance et confort de l'entre-soi. Que serait-il advenu du peuple d'Israël sans les prosélytes tels que Jéthro (beau-père de Moïse), Ruth (ancêtre du roi David), le prophète Obadiah ou Job (selon une opinion talmudique, il était non-juif[1]) ? On trouve parmi les plus grands maîtres du judaïsme des convertis ou des descendants de prosélytes : Chemayah et Avtalyon (Ier siècle av. è.c.), rabbi Aqiva (v. 45-135 è.c.), rabbi Méïr (v. 110-v. 175 è.c.) ou Onqelos, auteur de la plus célèbre traduction du Pentateuque en araméen.

Je me souviens d'un entretien avec Daniel Mesguich, acteur, metteur en scène de théâtre et professeur d'art dramatique, paru dans *L'Arche*, un magazine du judaïsme français[2]. Cette interview portait sur la figure biblique de la reine Esther. Mesguich venait de mettre en scène la tragédie écrite par Jean Racine, *Esther*. Il y était question

1. Talmud de Babylone, traité *Baba batra*, p. 15, folio b.
2. Article publié dans *L'Arche*, n° 516, février 2001.

de l'union exogamique entre Esther qui était juive et le roi Assuérus (désignant peut-être le roi perse Xerxès Ier). Mesguich, lui-même marié à une non-juive, s'interrogeait sur le danger que ces unions prohibées dans le judaïsme font courir au peuple juif, tout en soulevant la problématique du caractère quasi incestueux parce qu'endogamique des mariages intracommunautaires. Le premier danger est à mes yeux bien plus sérieux que le second, et je me garderai bien d'encenser le mariage mixte, véritable « terminus de l'identité juive », pour reprendre l'expression du regretté professeur Raphaël Draï. Dans le cas contraire, vous pourriez alors vous poser sérieusement la question de savoir si vous dialoguez encore avec un rabbin… Nonobstant cette réserve, j'ai retenu de l'observation de Mesguich une problématique commune à toutes les communautés religieuses : comment rester entre soi, préserver l'identité propre et la pérennité de sa communauté, tout en s'ouvrant à l'Autre, en échappant à la ghettoïsation identitaire et au « narcissisme communautaire » ?

Il me semble que c'est précisément cet « appel d'air » que les convertis apportent au peuple juif et plus généralement aux groupes religieux qui admettent les conversions. En monde juif, la *doxa* prétend que le prosélyte, en intégrant le peuple juif, doit laisser derrière lui tout ce qu'il a été. En général, tant dans l'accueil qu'au cours du processus de conversion, du côté juif, c'est la méfiance qui domine. Il est en effet présupposé que nous n'aurions rien à attendre de lui tandis que lui aurait tout à gagner à s'agréger au peuple juif. Il doit apprécier à sa juste valeur la chance qui lui est offerte de « refaire son âme[1] ». Or, peut-on réellement, en adhérant à une religion, rompre avec sa vie antérieure et faire table rase de toutes les expériences vécues et de l'éducation que l'on a reçue ? De nouveau, je vous sais gré de m'avoir permis de formuler une interrogation jusque-là sourde et confuse en moi : qu'est-ce qu'un converti apporte au peuple juif ? Est-il le seul « bénéficiaire » de cette intégration, ou, par son altérité originelle et du seul fait de sa non-judaïté, apporte-t-il au peuple juif quelque chose de nouveau que celui-ci ne possède pas.

Devenons-nous ce que nous sommes ou sommes-nous ce que nous devenons ? Nous retrouvons là la dialectique qui nous oppose. Un récit édifiant du Zohar met en scène Balaam, un prophète non-juif. Dans le Livre des Nombres, il est relaté que cet homme inspiré échoua à maudire le peuple hébreu après plusieurs tentatives infructueuses.

---

1. J'emprunte cette expression au titre d'un livre d'André Neher, *Ils ont refait leur âme*, publié en 1979. Ce titre est lui-même inspiré par un verset biblique : « Abram prit Saraï son épouse, Loth fils de son frère, et tous les biens qu'ils avaient acquis et *toutes les âmes qu'ils avaient faites* à Harân… » (Genèse 12, 5 ; je souligne.) Rachi explique que ces âmes désignent les païens convertis au monothéisme par Abraham et Sarah.

Balaam missionne un serviteur pour se rendre dans le camp des Hébreux afin d'observer et de dessiner le visage de Moïse. Balaam, en recourant à une sorte de morphopsychologie, pourrait ainsi connaître ses traits de caractère. Lorsque Balaam contemple le portrait de son ennemi, il y discerne tant de vices, et en particulier celui de la colère, qu'il s'indigne que Dieu ait jeté son dévolu sur un tel homme pour diriger les Hébreux. Et le rédacteur du Zohar de conclure que l'erreur de Balaam fut d'avoir sous-estimé la force de volonté de Moïse grâce à laquelle il put maîtriser ses inclinations et sublimer ses pulsions. Ce que Balaam n'avait pas saisi, lui qui était plein de suffisance, c'est que Moïse était ce qu'il était devenu, dans son refus d'être déterminé par ce qu'il était.

Si les fondamentalistes refusent tout dialogue avec les « infidèles », c'est-à-dire avec tous ceux qui pensent autrement, c'est d'abord parce que ce dialogue est absent dans leur rapport aux textes dits « sacrés ». Dialoguer avec un texte c'est l'interpréter (*inter* signifie « entre » en latin), introduire dans le texte la subjectivité du sujet qui cherche à en comprendre le sens. Or, pour les intégristes, « sacré » signifie ininterprétable, incontestable. Selon la Loi juive, le lecteur du *séfer Torah* (« Rouleau de la Torah ») doit faire usage d'un *yad* (« main » se présentant sous la forme d'une baguette qui se termine par une main ou un doigt allongé) comme index de lecture. Il lui est en effet interdit de toucher directement le parchemin avec ses mains. Ce n'est pas seulement en signe de respect pour le Rouleau du Pentateuque, objet rituel le plus sacré du judaïsme. C'est aussi parce que l'intelligibilité du texte ne s'offre pas dans sa nudité, dans son immédiateté, au lecteur soucieux d'en appréhender le sens. C'est, à mon grand regret, cet aspect qui faisait défaut dans votre *Traité d'athéologie*. Vous y citez des textes bibliques d'une très grande violence sans une ligne sur l'herméneutique commune aux trois religions monothéistes. Vous conviendrez pourtant que ce sont ces traditions interprétatives qui prémunissent contre cette violence littérale que vous avez à juste titre dénoncée. L'exégèse est-elle à ce point négligeable que vous n'en fassiez pas mention ou jugez-vous qu'elle n'excuse pas cette brutalité textuelle qui heurte d'emblée le lecteur ? La démarche interprétative ne serait dès lors que l'apanage d'une « élite » intellectuelle, voire une solution de facilité destinée à donner bonne conscience au croyant ? Ce qui rendrait inéluctable le mésusage de ces écrits par des esprits faibles et leur instrumentalisation à des fins funestes.

Michel Onfray : À tout vous avouer, que l'onomastique ou la génétique ne permettent pas de prouver ma judéité m'importe assez peu, car cette part n'est pas déterminante pour moi dans ce que je suis. Pas plus que mon groupe sanguin ne compte à mes yeux pour déterminer mon identité…

Vous avez une très belle phrase dans la fin de votre lettre quand vous (me, nous) demandez : « Devenons-nous ce que nous sommes ou sommes-nous ce que nous devenons ? » Elle est la clé de cette indifférence ontologique pour moi… C'est la vieille histoire qui oppose les tenants du déterminisme pour lesquels on devient ce que l'on est et les partisans du libre arbitre pour lesquels on est ce que l'on devient. C'est l'éternelle opposition entre le tragique de Pindare et l'existentialisme de Sartre…

Depuis des siècles, la question de l'articulation entre la prédestination et l'existence du libre arbitre est un pont aux ânes théologique et philosophique : si Dieu a tout voulu, comment peut-on vouloir librement ? Dès lors, ce que l'on devient, on l'est parce que Dieu l'a voulu. Dans le paradis, l'homme a été créé libre, mais il ne doit pas faire usage de son libre arbitre – sauf à vouloir ce que Dieu veut... Si l'homme veut ce qu'il veut, autrement dit : être ce qu'il souhaite devenir, alors Dieu le punit...

Je crois que le libre arbitre est un dispositif majeur pour rendre possible une société, car que faire du criminel s'il n'est ni coupable ni responsable de son crime ? Le libre arbitre est le premier maillon d'une chaîne qui permet la punition, une nécessité politique – au sens étymologique : une nécessité pour vivre dans la cité. Liberté, responsabilité, culpabilité, punissabilité fonctionnent ensemble en regard de l'être et de la conservation de l'ordre social.

On voit bien que, chez les philosophes qui affirment la pure nécessité, je songe à Spinoza, Schopenhauer ou Nietzsche par exemple, la démonstration est très faible qui leur permet de dire qu'il existe tout de même une liberté : comment vouloir la nécessité puisque c'est la nécessité qui nous veut ? Connaître l'absence de libre arbitre nous rend libre et nous mène à la Joie, dit Spinoza ! La belle affaire... Le Vouloir (*Wille*) nous veut tout entier, est-il écrit à longueur de page dans *Le Monde comme volonté et comme représentation*, mais comment vouloir la négation du vouloir comme nous y invite

Schopenhauer ? La volonté de puissance est tout et elle abolit le libre arbitre, est-il écrit dans l'œuvre complète de Nietzsche : mais comment vouloir le vouloir qui nous veut puisque nous sommes voulus par lui et qu'on ne peut pas ne pas le vouloir ?

L'une des issues les plus efficaces à cette aporie fut apportée par le jansénisme : c'est la question de la grâce. Mais elle exige qu'on maintienne Dieu dans le dispositif. Car qu'est-ce que peut la grâce pour un athée ? Elle est volonté de Dieu sur l'homme, une volonté insoucieuse de ce que font les hommes : la prière fervente du moine n'accorde pas le paradis si Dieu ne le veut pas, pendant que la vie dissolue du libertin peut lui ouvrir la vie éternelle si Dieu en a décidé ainsi. Mais pareille doctrine est insupportable au pouvoir politique, car elle suppose que les œuvres comptent pour rien dans l'accès à la vie éternelle. À quoi bon dès lors vouloir le monastère plus que le bouge ? Car le moine et le libertin sont pécheurs au même degré depuis la faute d'Adam, seul Dieu peut vouloir sauver l'un et damner l'autre. On comprend que le Vatican, la Sorbonne et la Royauté, en l'occurrence Louis XIV, aient combattu le jansénisme… C'est pourtant la seule logique cohérente avec ce qu'enseigne la Bible. Mais les pouvoirs constitués ont besoin d'un libre arbitre pour punir et honorer selon leurs intérêts.

Je crois pour ma part qu'il y a une aporie parce que les termes sont posés et opposés de façon idéale sinon idéaliste : il n'existe pas de libre arbitre ou de nécessité chimiquement purs. Mais des forces qui relèvent du libre arbitre et d'autres de la nécessité, avec de perpétuels combats qui font ici triompher le libre arbitre, là gagner la nécessité. La nécessité est l'état dans lequel on se trouve à la naissance : totalement dépendant de ceux qui assurent notre survie, donc notre vie. Avec le temps, grâce à l'éducation, nous apprenons à nous libérer de la nécessité. Car le libre arbitre n'est pas donné mais acquis : si rien n'est fait pour l'acquérir, alors on reste prisonnier de la nécessité.

Quand je donne des conférences en prison, je constate combien la population carcérale a vécu et vit selon l'ordre de la nécessité sans jamais avoir été éduquée à se créer un libre arbitre. Les prisonniers sont les produits frustes et sommaires de divers déterminismes : sociologiques, économiques, psychologiques – quand ça n'est pas psychiatriques...

Dès lors, pour répondre à votre question, dans la vie, ceux qui auront été éduqués à s'arracher à la nécessité seront ceux qui pourront dire qu'ils sont ce qu'ils sont devenus ; ceux qui ne l'auront pas été seront ceux qui seront ce qu'ils étaient, autrement dit des jouets de la nécessité, des produits manufacturés par les déterminismes – classe sociale, milieu familial, situation géographique, moment historique, pouvoir d'achat, niveau culturel, connaissance et maîtrise des codes, relation à la langue et au langage, rencontres et fréquentations, etc.

Pour ma part, je saurais raconter la biographie de mon épistémologie. Je le ferai d'ailleurs probablement un jour dans le détail. Je sais quels ont été les déterminismes sociologiques qui ont été les miens (un père ouvrier agricole, une mère femme de ménage, un placement par ma mère dans un orphelinat quand j'avais dix ans précédé par des mauvais traitements, un milieu familial et éducatif – des prêtres salésiens... – hostile à la culture et aux intellectuels auxquels on préférait les manuels, etc.) et qui ont contribué à ma construction (la découverte dans cet orphelinat de la formidable puissance d'évasion qu'offraient les livres, la jubilation à l'écriture, le salut par la culture, la rencontre d'un professeur d'université qui a été mon maître, etc.). J'ai vu ce que la nécessité aurait pu faire de moi en termes d'asocialité ; j'ai aussi constaté ce que la culture a fait de moi en termes de sociabilité... Je connais donc les effets existentiels de trame et de chaîne dans la constitution d'un tissu ontologique. Il est impossible d'y démêler le libre arbitre et la nécessité sous forme pure : il n'y a que des dynamiques, des forces, des effets dialectiques.

La judéité a été totalement absente dans la formation de mon identité. Cette question a surgi tardivement, quand les cristallisations ontologiques (si vous me permettez l'usage fréquent de ce gros mot...) qui m'ont constitué s'étaient durcies. Car je crois qu'au-delà d'un certain âge on ne devient plus jamais ce qu'on n'a jamais été. On devient un peu plus ou un peu moins ce qu'on était déjà...

Que peut apporter le non-juif converti à la communauté juive ? Voilà une question qu'en effet je ne m'étais pas posée... Je ne l'envisageais que du point de vue du « goy ». Faudrait-il d'ailleurs penser la question dans ces termes ? Je ne suis pas marié[1], ni père de famille ; dès lors, j'ignore dans ma chair ce que signifie avoir des enfants. Mais il me semble que l'arrivée d'un Gentil dans une communauté juive est comme l'entrée d'un gendre ou d'une belle-fille dans une famille : c'est un élargissement construit sur les affinités électives. Sur le principe que les amis de mes amis sont mes amis, les aimés de mes aimés sont mes aimés... Une famille est faite de mélanges ; voilà pourquoi l'exogamie prime en régime de civilisation.

De sorte que c'est par une extrapolation fautive qu'on peut imaginer que se marier dans la communauté juive menace d'inceste toute la communauté ! Daniel Mesguich (qui a estimé que j'étais antisémite parce que j'avais écrit un livre critique sur Freud et qui a de ce fait annulé une lecture publique de l'un de mes textes, comme c'était prévu, pour rejoindre la cabale qui avait alors été ourdie contre moi...) est, on le sait, puissamment marqué par le freudisme qui voit de l'inceste partout...

1. Je le suis depuis...

J'ai montré dans *Le Crépuscule d'une idole,* textes à l'appui, combien c'était le fantasme personnel de Freud étendu à la totalité du monde avant lui, pendant lui et après lui. Il n'y a inceste que quand il y a sexualité et mariage dans la famille. Or, la communauté juive, sauf à extrapoler, ne relève de la famille que sur le mode allégorique !

Pendant des siècles on s'est déplacé au pas d'un homme ; les mariages se faisaient dans le rayon d'une surface tracée par cette mesure. Certes, il pouvait y avoir des mariages incestueux entre cousins plus ou moins éloignés. Mais les épousailles entre gens d'un même village ou du village d'à côté étaient la règle.

S'il faut penser en termes généalogiques, il n'y a pas eu un seul premier homme et une seule première femme ! Mais des premières communautés tribales et nomades qui sont apparues à la suite du processus d'évolution qui a concerné un même groupe de mammifères ou des groupes de mammifères approchants. Sapiens, Neandertal, Denisova ont probablement évolué de façon séparée avant que des croisements n'aboutissent à la souche sapiens…

De sorte que si Daniel Mesguich devait se formaliser, il le devrait en regardant vers l'époque préhistorique qui a clairement mélangé des individus de façon endogamique avant que l'expansion des populations rende possible un plus large brassage. Jusqu'à l'invention de moyens de locomotion qui nous conduisent au-delà du cercle tracé par le déplacement à pied autour du foyer, les appariements se sont faits dans des zones restreintes !

Il me semble dès lors que la communauté juive est aujourd'hui plus forte en population et que le risque est moindre aujourd'hui qu'il y a un siècle... La crainte de l'inceste est une névrose freudienne que le succès intellectuel de la psychanalyse a contribué à généraliser. Rien n'oblige à la faire sienne – sauf si l'on est soi-même dans une relation problématique avec son père et/ou sa mère – comme c'était le cas de Freud ! Car l'inconscient freudien, ça n'est rien d'autre que l'inconscient de Freud.

Je voudrais revenir sur une idée que vous me prêtez et qui n'est pas de moi. Vous écrivez que, lorsque j'affirme qu'un candidat à la conversion est déjà juif par sa seule démarche, je conforte le sentiment d'autosuffisance que vous dénoncez. Mais je n'ai pas dit cela. J'ai renvoyé à ce moment de la vie du peintre Gérard Garouste qui souhaitait se convertir au judaïsme et qui a pour ce faire sollicité un rabbin qui l'a invité à réfléchir encore avant de se décider, puis à venir le revoir. Et j'ai écrit ceci : « le rabbin lui a dit, je cite de mémoire, il me faudrait vérifier dans le livre que je ne retrouve pas : "Mais pourquoi voulez-vous devenir ce que vous êtes déjà !" » C'est donc le rabbin qui pense que vouloir devenir juif c'est l'être déjà et qu'on ne saurait vouloir devenir ce que l'on est. Mais j'aurais probablement dû plus et mieux souligner l'ironie (talmudique ?) qu'il y a à dire non de cette façon qui semble dire oui... Que reste-t-il en effet à l'impétrant que de rester goy en s'imaginant juif ? C'est une fin de non-recevoir qui lui est ainsi signifiée...

Dès lors, pour le rabbin, ou ceux qui pensent comme lui, il n'y a pas d'« autosuffisance » à dire et agir (ce qui est ici la même chose : c'est un cas de performatif formidable...) de la sorte. Il dit un non qui semble être un oui ; et le demandeur se trouve poliment renvoyé à son statut de Gentil. Rien n'interdit par ailleurs, selon cette réponse, qu'on se croie juif et que cela suffise si l'on veut un compagnonnage.

Je songe ici au *débaptême* de certains qui ont été baptisés et qui, en dévots de l'athéisme, en religieux de la libre-pensée, veulent absolument obtenir de l'Église un certificat de débaptême ! Mais il faut croire au baptême pour imaginer le débaptême possible, d'autant plus qu'il ne saurait être accordé que par un membre du clergé ! Je suis pour ma part baptisé et l'athée que je suis trouverait du dernier ridicule d'aller quémander à l'évêché un certificat attestant que les effets de l'eau versée sur mon crâne et le signe de croix effectué sur mon front par le chrême n'ont pas eu lieu et n'ont été d'aucun effet ! Ils ont eu lieu et ont autant d'effet pour moi que la croyance au père Noël dans laquelle, enfant, j'ai été éduqué. Il ne me viendrait pas à l'idée de vouloir absolument un certificat du père Noël pour attester que le père Noël n'existe pas !

Vouloir être juif de la part d'un goy n'a besoin de rien d'autre que de décider de mener une vie juive. En ce sens, je trouve proprement géniale la parole de ce rabbin qui, permettez-moi une expression triviale, marque un but en bottant en touche…

Pour finir. Vous me confiez votre amertume face à l'islam intégriste qui monte planétairement et contre lequel je dis qu'on ne peut rien. Je le crois. On ne contient pas la montée de la mer avec une digue.

En revanche, je crois qu'on peut tout de même ne pas se laisser submerger sans rien faire. On peut faire un travail de philosophe sur cette religion. Mais qu'est-ce que faire un travail de philosophe sur cette religion ? C'est établir une généalogie. Autrement dit : non pas rire en célébrant ses bienfaits parce qu'elle se propose de détruire un Occident qu'on déteste (comme les islamo-gauchistes islamophiles le pensent) ou pleurer parce qu'elle se propose de détruire un Occident qu'on aime (comme les réactionnaires ou les conservateurs plus ou moins islamophobes le pensent), mais comprendre.

Il faudrait, pour cela, faire une lecture historique – j'arrive à la question de la contextualisation qui n'en relève pas tout à fait. Qu'est-ce qu'une lecture historique ? C'est une lecture qui pose une question simple : d'où vient cette religion ? C'est une question simple, mais elle est pensée comme blasphématoire par un croyant qui considère que le texte a été dicté par Dieu lui-même et que poser cette question, c'est refuser la réponse qu'apportent les gens de foi pour lesquels cette religion a été révélée par Dieu directement dans une parole qui, consignée par écrit, a donné le Coran.

Or, la généalogie de cette religion l'inscrit dans le lignage des religions abrahamiques... *Dans un premier temps*, il y a eu le judaïsme – avec pour livre la Torah, le Pentateuque selon les chrétiens ; *dans un deuxième temps*, une secte juive qui a annoncé que le Messie n'était pas à venir parce qu'il était déjà venu, ce sont les judéo-chrétiens – avec pour livre le Nouveau Testament ; *dans un troisième temps*, parmi ces judéo-chrétiens dispersés avant qu'ils ne deviennent une seule et unique religion d'État sous la férule augustinienne de l'empereur Constantin, il y a eu une secte judéo-chrétienne, celle des Ébionites, qui a donné naissance à l'islam – avec pour livre le Coran.

Il faudrait prendre le temps de rappeler dans le détail qu'avant de devenir le prophète que l'on sait Mahomet est allé à l'école d'un moine syrien judéo-chrétien répondant au nom de Bahira, probablement un Nazaréen ébionite, et que l'islam s'inscrit de ce fait dans le lignage judéo-chrétien... Il faut donc *faire de l'histoire* pour faire reculer les légendes et les mythes.

Venons-en maintenant à la contextualisation. S'il s'agit de replacer les textes dans leur contexte, comment pourrait-on être contre ? Je suis évidemment pour ce genre de contextualisation qui donne toute sa puissance à l'histoire.

Mais en matière de contextualisation, il existe des idéologues bien décidés à faire mentir le texte et qui, s'en réclamant, s'avèrent purement et simplement des sophistes qui, avec l'habileté de la rhétorique, fonctionnent comme des prestidigitateurs capables de faire disparaître le sens réel au profit d'un sens prétendument caché.

La psychanalyse a joué un rôle majeur dans l'abolition de la vérité en estimant qu'à cause de la dynamique de l'inconscient, l'évidence ne l'était jamais et qu'il fallait chercher derrière elle ce qu'elle signifiait vraiment avant de conclure qu'elle dit exactement le contraire de ce qu'elle dit. Le discours de la méthode de cette épistémologie de la *fake news* – si je puis utiliser un vocabulaire contemporain – s'intitule *La Négation.* Freud le publie en 1925. C'est la date de naissance du nihilisme en philosophie...

Je me méfie donc d'une herméneutique qui s'apparente à de la prestidigitation ! L'herméneute mobilise la linguistique, la traductologie, la symbolique, l'allégorique, le mythique, le métaphorique, le parabolique, la sémiologie, la psychanalyse et obtient, comme au bonneteau, qu'une phrase qui signifie clairement une chose signifie exactement le contraire…

Prenons un exemple. On lit dans l'Évangile de Luc (19, 27) cette étrange parole de Jésus : « Ceux qui n'ont pas voulu que je règne, égorgez-les en ma présence. » Il y a ceux qui lisent ce qu'il y a à lire et qui lisent bêtement, comme moi, que Jésus invite à égorger ceux qui n'ont pas cru en lui ! Et puis il y a les herméneutes qui estiment que Jésus ne dit évidemment pas ça.

Je prends l'exemple de l'exégèse de Pierre Encrevé – qui répond à la lecture faite par Gérard Mordillat – qui est de comprendre ce qu'il y a d'écrit. Qui est Pierre Encrevé ? Un fils de pasteur, linguiste, licencié en théologie protestante, enseignant à l'université et à l'École des hautes études en sciences sociales, un directeur d'études en linguistique et sémantique. Un hommage a été publié par ses pairs sous le titre : *Des ornithorynques et des consonnes doublement flottantes. Pour une théorisation unifiée de la liaison.* Bien…

Que dit cet éminent savant dans un texte intitulé « Jésus, les égorgeurs et l'art de la citation » (*Libération* 17 XII 2008) ? Je cite longuement, car il faut disposer du mouvement de l'« argumentation » : « Cet ordre d'égorgement de ses adversaires sous ses yeux, qui n'est directement lié dans le texte évangélique ni à Jésus ni à ceux qui ne le reconnaissent pas comme messie, n'émane donc pas du Jésus de Luc mais d'un personnage d'une fiction [*sic*] particulièrement [*sic*] énigmatique [*sic*], probablement [*sic*] issue de la fusion d'au moins deux sources différentes, l'une étant la "parabole des talents" qu'on retrouve dans l'Évangile de Matthieu, l'autre, sans rapport nécessaire, évoquant peut-être [*sic*] l'histoire non fictive d'Archélaos, fils d'Hérode le Grand. L'Évangile de Luc semble [*sic*] fusionner, plutôt maladroitement [*sic*], ces deux sources dans une parabole attribuée à "son" Jésus pour évoquer le Jugement dernier qui verra la perdition des "mauvais serviteurs". C'est uniquement dans ce cadre eschatologique anhistorique [*sic*] que l'égorgement des ennemis ordonné par le Prince de la parabole peut être relié à la prédication du Royaume qui n'est pas de ce monde. Mais l'impératif criminel n'est absolument pas avancé comme un message de Jésus qui – en marche vers Jérusalem où il va être mis à mort lui-même – ordonnerait qu'on supprime sauvagement ceux qui refusent sa royauté messianique, alors qu'au contraire tout l'Évangile de Luc le présente comme refusant de combattre ceux qui veulent l'éliminer. »

Admirons le tour de passe-passe. Pierre Encrevé renvoie au *Jésus historique* comme si cela ne posait aucun problème qu'il ait historiquement existé une pareille créature et qu'il s'agissait d'un fait historique avéré... Rappelons avant même de commencer qu'un Fils de Dieu qui se fait homme est un acte de foi, une croyance, mais nullement une proposition historique ! À cette heure, il n'existe aucune preuve historique de l'existence de Jésus – si l'on met à part quelques prépuces conservés dans plusieurs églises... Parce qu'il énonce une sentence qui pose un problème, *il faut* que ce Jésus qui parle dans l'Évangile de Luc ne soit pas le Jésus dit historique.

Qui est-il alors ? Réponse docte et fumeuse à la fois : « Un personnage d'une fiction particulièrement énigmatique, probablement issue de la fusion d'au moins deux sources différentes. » Chacun appréciera le ton péremptoire dans une phrase qui décide que, sur cette affaire, il s'agit d'une fiction (mais alors pourquoi pas partout ailleurs dans les Évangiles et seulement ici ?) et qu'en vérité il s'agit même d'une fiction « particulièrement énigmatique » (je ne le lui fais pas dire...) qui (de mieux en mieux...) est « probablement [*sic*] issue de la fusion de deux sources différentes »...

Cessons là. On a assez vu avec cet exemple comment fonctionnait l'herméneutique quand elle est moins une méthode de lecture *a priori* du texte qu'une méthode de lecture *a posteriori* qui se propose de justifier le sens que, par idiosyncrasie, donc par idéologie, on a décidé de voir, quand bien même le texte dirait le contraire. C'est la fameuse dialectique de l'esprit et de la lettre qui permet, au nom de l'esprit, de dire que la lettre exprime le contraire de ce qu'elle dit. Jésus veut qu'on égorge ; mais ce n'est pas Jésus ; donc il ne veut pas qu'on égorge...

C'est la célèbre histoire du chaudron percé d'abord racontée par Freud dans *L'Interprétation des rêves* puis dans *Le Mot d'esprit et ses rapports avec l'inconscient* et commentée à plusieurs reprises par Jacques Derrida dans *La Dissémination* et dans *Résistances.* Quelle est cette histoire ? Laissons Freud la raconter : « A a emprunté à B un chaudron de cuivre et, après l'avoir rendu, il est mis en accusation par B parce que le chaudron présente désormais un grand trou qui le rend inutilisable. Voici sa défense : "Premièrement, je n'ai absolument pas emprunté de chaudron à B ; deuxièmement, le chaudron avait déjà un trou lorsque je l'ai reçu de B ; troisièmement, je lui ai rendu le chaudron intact." » Quelle conversation peut-on avoir avec un homme qui *raisonne* ainsi ?

Que je n'aie pas pour ma part assez eu recours à la contextualisation dans mon *Traité d'athéologie* est vrai. Mais c'est un livre assez court sur les trois monothéismes et ce genre de pari est perdu d'avance car il faudrait une vie et une œuvre entières pour contextualiser vraiment.

En revanche, j'ai contextualisé en mettant ces textes en relation avec l'histoire. Certes, pas l'histoire sainte, ni l'histoire de ceux qui croient aux saints, mais je préfère l'histoire à toutes les histoires saintes, quelles qu'elles soient, d'où qu'elles viennent, même et surtout quand ce sont les histoires saintes des athées…

MICHAËL AZOULAY : Dans le judaïsme, le libre arbitre se voit contredit par l'omniscience (tout savoir) et la prescience (savoir avant que cela n'advienne) attribuées à Dieu plutôt que par la prédestination et son corollaire, la grâce de Dieu, très présentes dans la théologie chrétienne. La doctrine de la prédestination chère au jansénisme porte sur l'homme un regard empreint de pessimisme, voyant dans tout mérite qu'il s'attribuerait une manifestation du péché originel. Si la prédestination n'est pas totalement étrangère au judaïsme[1], celui-ci lui préfère son antithèse, le libre arbitre.

En effet, la notion augustinienne de grâce est incompatible avec celle de libre arbitre en ce qu'elle nie le principe même de rétribution et de châtiment attaché à l'exercice du libre arbitre. Le judaïsme, authentique méritocratie, considère

1. L'élection d'Israël et de certains prophètes relèverait, par exemple, de la prédestination selon la Bible hébraïque (l'Ancien ou le Premier Testament des chrétiens).

en effet la grâce qui fait fi des bonnes œuvres comme la plus grande des iniquités.

Comment concilier la liberté humaine alors que Dieu connaît par avance les actions de l'homme ?

La plupart des penseurs juifs du Moyen Âge ont tenté de résoudre cette contradiction[1]. Tous s'accordent pour sauvegarder la notion de libre arbitre en vertu de ce que vous avez appelé la « nécessité politique » : sans libre volonté humaine, il ne saurait y avoir de place pour la responsabilité, la sanction ou la rétribution de nos actes. J'ajouterai que, si nous ne choisissons pas de bien agir ou de mal agir, des notions telles que le regret, le repentir, le pardon ou encore le sentiment de fierté du devoir accompli perdraient toute signification. J'ai conscience qu'à mesure que les sciences progressent, et en particulier les sciences cognitives, les déterminismes à l'œuvre dans nos prises de décisions se font jour et la part de liberté à l'œuvre dans nos actes se réduit comme peau de chagrin. Je préfère néanmoins m'en tenir une fois de plus à la vision du libre arbitre de Maïmonide largement inspirée par la Bible. En effet, celle-ci s'ouvre sur des récits dans lesquels le libre arbitre tient une place centrale : Adam et Ève face au fruit défendu. Caïn, qui, jaloux de son frère, le

1. Rivon Krygier, *Si Dieu sait l'avenir, sommes-nous libres d'agir ? Omniscience et libre arbitre dans la pensée juive*, Paris, In Press, 2020.

tue alors qu'auparavant Dieu vient de disserter au sujet du libre arbitre dont il exhorte Caïn à faire un bon usage. Les générations du Déluge, de la tour de Babel, les habitants de Sodome et Gomorrhe châtiés par Dieu pour leurs conduites immorales. Emmanuel Kant postulera le libre arbitre à partir de la loi morale. En effet, face à elle, l'homme, en s'y conformant ou en la transgressant, exerce son libre arbitre. Ainsi, le libre arbitre s'éprouve plus qu'il ne se prouve.

Affirmer comme vous le faites que, dans le jardin d'Éden, « l'homme ne doit pas faire usage de son libre arbitre » est un lieu commun. Relisez le texte : l'homme et la femme, face à la défense de porter la main sur le fruit défendu, font usage de leur libre arbitre puisqu'il leur est loisible de s'abstenir ou de céder à la tentation d'en goûter, ce qu'ils feront. Il est vrai que l'on peut légitimement s'interroger sur l'attitude ambiguë de Dieu qui, en autorisant l'homme à consommer tous les fruits du jardin à l'exception du « fruit de l'arbre de la connaissance du bien et du mal », suscite immanquablement le désir de la transgression. Si le champ d'application de la liberté humaine apparaît alors comme très limité, réduit au choix d'obéir ou de désobéir à une seule et unique injonction divine, il n'en demeure pas moins que l'homme est bien confronté à un choix.

En revanche, nous nous rejoignons sur le fait que le libre arbitre n'est pas « donné mais acquis » comme vous l'argumentez. La philosophie morale juive ne dit pas autre chose lorsqu'elle affirme dans le Talmud que, par des actes répétés, on peut perdre son libre arbitre. Ce que les maîtres du Talmud formulent ainsi : « [Celui qui dit] Je pécherai et je me repentirai, je pécherai de nouveau et je me repentirai encore [n'aura pas la possibilité de se repentir]. » Pourquoi deux fois ? Il en est comme l'a dit R. Houna au nom de Rab : « Lorsqu'un homme a commis une faute puis a récidivé, il y est autorisé. Ne t'y trompe pas : je veux dire que l'acte lui semble permis[1]. » Après le mariage pour tous et la PMA pour toutes, n'en viendra-t-on pas tout naturellement à autoriser la GPA pour tous ?

Concernant votre critique de Mesguich (j'ignorais votre inimitié), je voudrais rétablir une vérité : Le terme « incestueux » que j'ai employé pour qualifier ce que j'ai appelé le risque de l'entre-soi vient de moi et non de lui. Pour le reste, c'est effectivement lui qui m'a ouvert au questionnement sur le mariage exogamique à travers le paradoxe d'une femme (la reine Esther) qui en contracte un afin de sauver son peuple d'un génocide. Se perdre pour sauver. Mais, confesse-t-il lui-même, ces mariages font peser une menace existentielle pour un peuple d'un peu plus de quinze millions

1. Talmud de Babylone, traité *Yoma,* p. 87, folio a.

de personnes[1], une goutte d'eau dans l'océan des milliards de chrétiens et de musulmans.

Le dialogue que vous rapportez entre Garouste, qui souhaite se convertir, et le rabbin, qui lui répond que « vouloir devenir juif c'est l'être déjà », me permet d'envisager différemment un célèbre récit talmudique. Celui-ci met en scène un candidat à la conversion au judaïsme et l'accueil que lui font, successivement, Chamaï (50 av. è.c.-30 è.c.) et Hillel (70 av. è.c.-10 è.c.), deux sages contemporains de Jésus. En réponse à la condition préalable qu'il pose à sa conversion – il souhaite que toute la Torah lui soit enseignée pendant qu'il se tient sur un pied –, sa requête se voit accueillie de deux manières diamétralement opposées. Chamaï l'éconduit sans ménagement tandis qu'Hillel accède à sa demande en résumant la Torah à un seul impératif moral, le reste n'étant, selon lui, que son commentaire : « Ne fais point à autrui ce que tu détesterais que l'on te fît[2] ! » En résumant le judaïsme à un impératif moral dont il n'a pas l'apanage, n'est-ce pas là une manière d'instiller

1. Les dernières statistiques font état d'une population mondiale estimée à 15 200 000 juifs, résidant majoritairement en Israël et aux États-Unis. La France arrive en 3e position (3 %, soit 445 000 Juifs).

2. Jésus énoncera cette sorte de règle d'or sous une forme positive : « Faites à autrui ce que vous voudriez qu'on vous fît » (en Matthieu et Luc).

le doute dans l'esprit du futur prosélyte quant à la nécessité même de sa conversion ?

Abordons à présent la question de l'interprétation qui devrait être guidée par la bonne foi. Si l'on considère l'herméneutique comme une science de l'interprétation, on ne peut pas, en ce domaine, tout se permettre. Je ferais néanmoins preuve de malhonnêteté intellectuelle en jetant la pierre à Encrevé. L'exégèse rabbinique n'échappe pas toujours à la tentation d'éluder le caractère problématique de certains passages bibliques. Ainsi, l'hédonisme et le pessimisme du Livre de l'Ecclésiaste (digne de Schopenhauer) auraient pu lui valoir le pilon plutôt que le canon. À telle enseigne que les sages de la Michna hésitèrent à inclure ce livre dans le canon de la Bible hébraïque. Il parvint à y entrer au prix d'une transformation en allégorie religieuse. Ainsi, les plaisirs devinrent jouissance intellectuelle procurée par l'étude de la Torah et l'accomplissement de bonnes actions. Le caractère désabusé de l'œuvre quant à la destinée humaine (semblable à celle des animaux) témoignait, *a contrario*, d'un optimisme religieux : « Quel profit y a-t-il pour l'homme en tout son travail auquel il travaille sous le soleil[1] ? » (Ecclésiaste 1, 3.) Rabbi Youdan observe que « sous le soleil il n'y a pas

1. Lemaître de Sacy traduit par « Que retire l'homme de tout le travail qui l'occupe sous le soleil ? »

de profit, mais sur le soleil (dans le monde à venir) il y en a »...

Votre exemple d'Encrevé sur l'Évangile de Luc qui prend trop de liberté avec l'écrit conduit à s'interroger sur les limites d'une exégèse qui devrait se garder de faire dire au texte ce qu'il ne dit pas. Encrevé eût été mieux inspiré d'opter pour la contextualisation de l'appel à la violence de Jésus.

Historiciser, par exemple, l'injonction belliciste d'anéantir les peuplades cananéennes – l'invention de la « guerre sainte » menée par Josué que vous dénoncez dans le *Traité d'athéologie* – en y voyant un reflet des mœurs de l'époque (même si cela ne résout pas sa contradiction flagrante avec « Ne tue pas » proclamé à la même époque par le Décalogue) a pour mérite indéniable d'empêcher son instrumentalisation par des « fous de Dieu ».

Selon le grand penseur juif médiéval Abraham Ibn Ezra (1092-1167), l'exégèse juive fait coexister les sens littéral et allégorique à moins que l'interprétation littérale soit contraire à la raison. C'est le cas, par exemple, de l'exhortation à circoncire son cœur du Deutéronome (10, 16). Seule la lecture allégorique (l'amélioration de soi, le cœur symbolisant le siège des passions et la circoncision leur régulation) est en l'espèce recevable.

Enfin, faut-il critiquer une interprétation qui semble s'éloigner du texte lorsqu'elle le fait pour une noble cause ? Je songe ici à la « loi du talion » qui voudrait que l'on inflige au coupable une sanction de même nature que le préjudice qu'il a occasionné à sa victime : « Œil pour œil, dent pour dent, main pour main, pied pour pied ; brûlure pour brûlure, contusion pour contusion » (Exode 21, 24 et 25). Pour le Talmud, il ne peut s'agir que de réparation pécuniaire parce qu'il n'est pas toujours possible de parvenir à une stricte équivalence : comment, argumentent les sages du Talmud avec malice, ce verset pourrait-il s'appliquer littéralement à l'aveugle ou au borgne qui a crevé l'œil d'un individu qui voit bien des deux yeux, au manchot qui a coupé le bras d'une personne en possédant deux, ou encore à l'estropié d'une jambe qui a estropié un bipède ? Le Talmud ajoute que, de surcroît, en infligeant une mutilation au coupable similaire à celle qu'il a infligée, le tribunal prendrait le risque de lui faire subir une peine excédant son crime s'il en venait à perdre beaucoup de sang au point d'en mourir[1].

1. Talmud de Babylone, traité *Baba qamma*, p. 83, folio b.

Michel Onfray : Le texte de la Genèse fournit évidemment d'abondantes occasions de réfléchir à la question du libre arbitre, mais pas seulement. Est-ce un « lieu commun » de le constater ? Je vous laisse la responsabilité de la formule... Mais il me semble que celui qui ne penserait pas cette question en lisant le texte passerait à côté de ce qu'il y a à comprendre *a minima.*

Allons au texte justement, c'est le mieux : « La femme dit au serpent : "Nous pouvons manger du fruit des arbres du jardin, mais [*sic*] du fruit de l'arbre qui est au milieu du jardin, Dieu a dit : 'Vous n'en mangerez pas et vous n'y toucherez pas ; sinon, vous mourrez'" » (3, 3). Tout est dans le « mais », convenez-en...

Quid d'un Dieu *qui crée l'homme libre pourvu qu'il fasse un usage de sa liberté qui lui soit agréable,* autrement dit un Dieu qui crée l'homme libre de lui obéir, mais pas de lui désobéir ? Sauf à être puni le plus sévèrement qui se puisse – la mort... Qu'est-ce qu'un choix entre deux choses dont l'une conduit à votre propre mort et à celle de tous vos descendants jusqu'à la fin des temps ? Quelle punition, mazette ! Certes, formellement, le choix existe : on a toujours la possibilité de se suicider, et, sur le papier, c'est un choix... Mais c'est le choix de ceux qui n'ont pas le choix. Convenez qu'offrir pour seule alternative à l'homme l'obéissance ou la mort, c'est manifester une drôle de conception du libre arbitre !

Constatons que ce qui se joue aussi dans ce texte, dont il ne faut jamais oublier la dimension allégorique, c'est cette question de « l'arbre qui est au milieu du jardin » (3, 3), à savoir « l'arbre de la connaissance du bien et du mal » (2, 17). Autrement dit, en même temps que du libre arbitre, ce texte traite également de la question du savoir éthique (la question des principes : il existe un Bien et un Mal), sinon moral (la question des actions : il existe de bonnes et de mauvaises actions).

En l'état de la création du monde où nous sommes au moment de cet épisode, qu'est-ce qui permet à Adam et Ève de savoir ce qu'est le Bien et le Mal ? Comment pourraient-ils choisir et préférer le Bien au Mal puisqu'ils ignorent ce que sont et le Bien et le Mal ? Sauf à identifier le Bien comme ce qui est obéissance aveugle à Dieu, *soumission*, disent les musulmans, et le Mal comme ce qui est désobéissance. Peu importe ce qui est permis ou défendu, il faut obéir à Dieu – voilà le

Bien. Lui désobéir – voilà le Mal. C'est ainsi que Dieu crée le Bien et le Mal : ce qu'il veut est le Bien ; ce que l'homme veut quand il ne veut pas ce que Dieu veut est le Mal. Reste donc à l'homme pour être libre à vouloir ce que Dieu veut ! Sinon, c'est la mort...

Cette question, on le voit, est intimement liée à celle du libre arbitre. Car pourquoi faudrait-il ne pas goûter de ce fruit défendu, autrement dit savoir ce que sont le Bien et le Mal, alors qu'il faut les distinguer afin de pouvoir faire un choix en pleine connaissance de cause ? Dieu crée donc l'homme libre pourvu qu'il ne fasse pas un libre usage de sa liberté ? Avouez que c'est retors...

Dès le départ, Dieu, qui peut faire que les choses ne soient pas ce qu'elles sont puisqu'il a décidé jusqu'ici qu'elles seraient ce qu'elles étaient, veut qu'elles soient ceci plutôt que cela. Il veut que l'homme pèche et que le Mal triomphe. Car Lui, qui crée le monde en six jours, puis les créatures qui l'habitent, puis l'Homme et la Femme, puis le Bien et le Mal, puis tout ce qui est, a bien en son pouvoir de les créer éternellement épargnés par le Mal ? Pourquoi veut-il donc damner ses créatures ? Et pourquoi ne manifeste-t-il aucun regret, aucun repentir, mais de la colère quand Ève fait ce qu'il a prévu qu'elle ferait ? Disons dans une formule récente qu'Ève peut se dire responsable mais pas coupable !

Si l'on reste dans le texte, toute cette histoire est en fait incompréhensible ; d'où des siècles d'exégèses qui mobilisent rhétorique, sophistique, logique, dialectique et qui tournent en rond sans accoucher de quoi que ce soit de satisfaisant. Or, rester dans le texte, c'est le lire comme si Dieu existait…

Mais si, comme moi, on le lit en athée, autrement dit comme un texte profane, on comprend bien que, pour les nécessités du récit qui va suivre et qui constitue la saga juive, puis judéo-chrétienne *via* le paulinisme, puis islamique *via* les Ébionites et les Nazaréens, il faut bien que les choses se passent ainsi.

Imaginez en effet qu'Ève n'écoute pas le serpent et qu'elle lui désobéisse, à lui, et donc qu'elle obéisse à Dieu. Que se passe-t-il ? Rien… Adam et Ève vivent heureux dans le paradis, ils ignorent le Bien et le Mal et ils ne savent même pas, de ce fait, qu'ils vivent dans le Bien ! Ils ignorent la souffrance, le travail, l'accouchement dans la douleur, la domination masculine, l'inimitié, la pudeur, la mort. Ont-ils des enfants qui eux-mêmes ont des enfants qui ne meurent jamais ? Allez savoir…

Mais, pour la nécessité du récit, pour les besoins de la saga, pour la possibilité même de l'histoire, voire de l'Histoire, il faut absolument qu'Adam et Ève soient chassés du paradis : « Yahvé Dieu le renvoya du jardin d'Éden pour cultiver le sol, d'où il avait été pris. Il chassa l'homme » (3, 23).

Alors retourné à la terre, sorti et chassé du paradis, l'homme peut commencer son histoire : elle sera faite de bruit et de fureur, de persécutions et de massacres, de batailles et de tueries. D'ailleurs, l'histoire se poursuit juste après la Chute avec le meurtre d'Abel par son frère Caïn…

La Faute est donc moins une vérité ontologique ou une vérité théologique, je ne parle pas même d'une vérité historique, qu'un artifice rhétorique. Elle est l'événement qui permet le récit d'un paradis perdu qu'une vie d'obéissance à Dieu permettrait de retrouver – si, du moins, cette vie a été assez obéissante, soumise…

L'embrouillamini qui s'impose à la lecture de ce passage quand on prend Dieu au sérieux et que l'on croit à son existence disparaît quand on l'appréhende tel un personnage de fiction – comme tous les dieux avant lui et comme tous les dieux après lui, entre Isis et Jésus, Baal et Jupiter…

Ce Dieu qui crée l'homme libre sans que sa liberté lui permette de choisir librement, sauf à en mourir, c'est juste un moment *poëtique*, au sens grec du terme – un moment de création… littéraire, et plus précisément : mythologique.

Or, nous ne sommes pas tenus de chercher la cohérence rationnelle dans un texte de nature religieuse. Il faut la foi pour souscrire à l'histoire qu'on estime alors vraie ; mais quand on n'a pas la foi, on ne l'estime vraie que dans la mesure où le *Popol-Vuh* ou les *Lois de Manou* sont vrais.

Vous utilisez deux expressions sur lesquelles je vous lirais avec curiosité : vous parlez de la « vie après la mort » et du « monde à venir ». Je crois que nous approchons du cœur nucléaire de notre échange…

Michaël Azoulay : En qualifiant de lieu commun l'idée que le libre arbitre aurait été octroyé à l'humanité grâce à la transgression d'Adam et Ève auparavant dans l'ignorance des notions de Bien et de Mal, j'avais à l'esprit un certain discours féministe intracommunautaire. De nombreuses jeunes filles au cours de leur cérémonie de *bat-mitsvah* (littéralement « fille du commandement » ayant atteint la majorité religieuse à l'âge de douze ans) tiennent en effet un discours laudatif à l'endroit de la première de toutes les femmes pour sa rébellion. Selon la narration biblique, c'est Ève qui se laisse séduire par le serpent et qui incite Adam à goûter le fruit défendu après qu'elle l'a elle-même goûté. Elle aurait ainsi initié l'Histoire en offrant à l'homme la liberté de choisir entre le Bien et le Mal, qui, par définition, lui faisait défaut tant qu'il n'avait pas introjecté ces notions. Or, je décèle une aporie dans votre raisonnement qui conduit à dire que ce n'est pas être libre que d'avoir le choix entre obéir ou mourir. En effet, diriez-vous qu'une personne qui consomme des substances toxiques en connaissant leur dangerosité le fait en étant privée de son libre arbitre ? ou qu'un enfant que ses parents mettent en garde contre une conduite à risque et qui, en désobéissant, se blesse n'a pas agi librement ?

Il me semble que l'intérêt essentiel du récit de la Genèse ne réside pas dans la question de sa véracité ou de son caractère fictif selon que l'on a ou pas la foi, mais dans les leçons que l'on peut en retirer. C'est à ce second aspect que la tradition juive accorde bien plus d'importance. Ce que, au demeurant, vous faites vous-même en relevant les incohérences du récit, à commencer par la transgression que vous appréhendez comme un prétexte littéraire pour faire apparaître la liberté humaine. Au lieu de dénoncer un Dieu castrateur, pourquoi ne pas voir dans ces textes, du fait de l'écart infini entre Dieu et l'humain, une profonde réflexion sur la condition humaine ? À l'ère du transhumanisme qui voit « dans la vieillesse et la mort des pathologies auxquelles il faudrait remédier, au même titre que les maladies[1] », ne pensez-vous pas que la finitude à laquelle sont condamnés Adam et Ève est consubstantielle à notre humanité ? Le texte

1. Michaël Azoulay, *Éthiques du judaïsme*, Paris, La Maison d'édition, 2019, p. 91.

réaffirme cette idée lorsqu'il ajoute que Dieu les chassa du jardin d'Éden afin qu'ils ne cueillent pas également le « fruit de l'arbre de la vie » qui leur permettrait de vivre « à jamais » (Genèse 3, 22). Ce qui conduit le lecteur à s'interroger : la vie éternelle est-elle souhaitable ? N'est-ce pas le fait que notre existence soit limitée dans le temps qui lui donne sa valeur, qui lui confère son caractère précieux parce qu'éphémère ?

Ce que vous dites sur l'ignorance du Bien et du Mal chez Adam et Ève avant la transgression entre en résonance avec l'exégèse d'un éminent penseur juif espagnol, Na'hmanide (1194-1270), qui traduit le terme hébreu *da'at* désignant communément la « connaissance » (du Bien et du Mal) par « volonté ». C'est en effet le sens que donne le Talmud à ce terme hébraïque. Ce qui signifie qu'ils ont désiré *vouloir* le Bien ou le Mal, se mettre en situation d'avoir à choisir entre les deux. Vous constaterez que les choix de traduction de textes mythiques (au sens de fondateurs) ne sont jamais neutres. Ainsi, Adam qui est généralement traduit par « homme » devrait l'être par « humain » puisqu'un autre terme, *Ich*, désignera l'homme à la suite de la création de la femme dénommée *Ichah* (Genèse 2, 22 et 23). Dieu sépare en effet la femme à partir du côté plutôt que de la côte (se pose de nouveau un problème de choix de traduction) de l'être humain à l'origine hermaphrodite, et non de l'homme.

Ce qui semble vous poser le plus gros problème, c'est l'impression donnée par ce texte d'un Dieu soucieux de soumettre l'homme à son bon vouloir, d'un Dieu qui crée un homme « libre de vouloir ce que Dieu veut ». Ce faisant, vous faites un contresens. Contresens partagé par de nombreux croyants et qui, lorsque j'en ai pris moi-même conscience, m'a permis de porter un regard radicalement différent sur ma tradition et le sens qu'elle donne à la vie. Dieu ne crée pas l'homme libre pour qu'il fasse un usage de sa liberté qui Lui soit agréable. Le bénéfice de l'obéissance revient à l'homme, pas à Dieu !

Le Livre de Job le résume parfaitement : « Regarde le ciel et vois, contemple les nuages au-dessus de toi ! Si tu agis mal, quelle est ton action sur Dieu ? Si tes péchés sont nombreux, que lui importe ? Si tu agis bien, que lui donnes-tu ? Ou qu'est-ce qu'il accepte de toi ? C'est toi, créature humaine, qu'intéresse ta perversité ; c'est à toi, fils d'Adam, qu'importe ta piété » (Job 35, 5-8). Ainsi, le terme hébreu *'het* qui désigne ce que les chrétiens ont traduit par « péché » ou « faute » signifie en réalité « manque » au sens d'altération de son être. « Le désir est la relation d'être au manque », selon Lacan. La transgression comme assouvissement de certains désirs abîme l'ontos de celui qui la commet. L'homme, selon qu'il se construit ou se détruit par ses actes, se récompense ou se punit lui-même.

Votre approche pèche par excès théologal reposant sur le présupposé qu'une religion est par définition entièrement tournée vers le culte d'un Dieu narcissique. Or, le judaïsme, tout en étant résolument orienté vers Dieu, ne l'est pas moins vers l'homme, vers sa construction en tant qu'humain.

Nous arrivons à présent à la question de l'immortalité de l'âme au sujet de laquelle – ou devrais-je dire desquelles, car vous ne croyez pas plus en l'existence d'une âme qu'en sa survivance *post mortem* – je sais combien vous êtes dubitatif. Cette croyance en une vie après la mort indissociable de la croyance en l'existence d'une âme immortelle n'est jamais formulée explicitement dans la Bible hébraïque. C'est dans la littérature rabbinique (talmudique, midrachique et ésotérique) qu'il en est question. Cependant, comme la Bible, cette littérature traite avant tout de la vie intramondaine, la vie éternelle de l'âme et sa « qualité » étant tributaires de nos actions ici-bas, de ce que nous produisons dans l'ordre du Bien ou du Mal. En définitive, tout se joue ici-bas.

Dans cet exorde à notre échange, je me contenterai de deux observations essentielles.

En premier lieu, il n'y a rien de commun entre cette croyance juive dématérialisée et les houris (« vierges ») promises par le Coran aux musulmans fidèles. Le Talmud affirme au contraire : « Le monde à venir ne sera pas comme ce monde-ci : on n'y mangera pas, on n'y boira pas, on n'y procréera pas, on n'y fera pas de commerce, on n'y connaîtra ni la jalousie, ni la haine, ni la rivalité. Les justes seront assis, le front ceint d'une couronne, et jouiront de la splendeur de la Présence divine[1]. » Si je m'autorisais une pointe d'humour, je dirais que cette vie paraîtra bien ennuyeuse à ceux qui préfèrent les joies de la chair et de la chère à celles de l'esprit... Maïmonide y voit la récompense de l'usage qu'a fait l'âme de sa faculté rationnelle au cours de son séjour terrestre. L'immortalité serait ainsi acquise par la connaissance qui, seule, permet la communion avec Dieu. C'est comme si l'âme bâtissait patiemment, tout au long de la vie terrestre, le monde qui l'attend après sa séparation du corps. Un monde qui lui ressemble où tout n'est que jouissance de l'esprit.

Dans la mesure où cette réalité supraterrestre nous demeure totalement étrangère, une opinion citée par le Talmud[2] professe que nul homme n'est en mesure de se représenter cette vie désincarnée, y compris les prophètes dont les prédictions « ont trait uniquement aux temps messianiques ». Disserter à son propos serait vain puisque nous en sommes réduits à des spéculations. Cette conviction se fonde sur le verset biblique suivant : « Jamais œil

1. Talmud de Babylone, traité *Berakhot*, p. 17, folio a.
2. Talmud de Babylone, traité *Sanhédrin*, p. 99, folio a.

n'a vu, ô Dieu, si ce n'est toi, ce qu'Il fera pour celui qui espère en lui » (Isaïe 64, 3).

En deuxième lieu, cette croyance en une vie dans l'au-delà trouve son fondement dans une théodicée qui va jusqu'à soutenir qu'il ne faut attendre aucune rétribution en ce monde pour l'obéissance aux commandements, et ce même lorsque la Bible promet une récompense qui relève d'une justice immanente.

Michel Onfray : Au fur et à mesure de nos échanges, je me dis que nous nous sommes tranquillement installés sur votre terrain – plus précisément même : que je suis désormais sur votre terrain…

En effet, nous parlons de la Genèse, de Dieu, d'Adam et d'Ève, du paradis et du statut de la liberté dans le jardin d'Éden, de l'âme immortelle et de la vie éternelle, du péché, de la faute et du Mal, de la récompense et de la punition, mais tout cela dans une configuration théologique, religieuse et non historique.

L'athée que je suis joue le jeu, certes, mais, en amont, il ne faut jamais oublier que je ne crois pas à la vérité de ce qui fait l'objet de nos échanges ! Il me faudrait dire : « Ce texte, auquel je ne crois pas, semble dire que… »

Car, je le rappelle pour mémoire, ce dont nous parlons relève pour moi de la fiction. Les analyses que je vous propose sont celles que je pourrais proposer de la *Bhagavad-Gîta*, des *Lois de Manou*, du Coran, du *Popol-Vuh* – ou des mythes grecs ou romains.

En fait, le seul vrai problème est celui de la foi. L'a-t-on ou non ? Pour ma part, je ne suis pas étonné de ne pas l'avoir, car ma perception radicalement matérialiste du monde me fait comprendre la croyance comme relevant du registre psychologique et pas du tout du registre historique. La fameuse « idiosyncrasie » du début de nos échanges.

Je ne voudrais pas vous blesser, mais la croyance religieuse est à mes yeux de même nature que la croyance aux extraterrestres, aux soucoupes volantes, aux tables tournantes, à la métempsycose ou à la métensomatose, à la réincarnation, à l'homéopathie, à la biodynamie, à la métapsychologie ou à la mémoire de l'eau – sinon à la société sans classe, à la main invisible du libéralisme, à la société racialement pure, à la mondialisation heureuse et autres croyances politiques qui constituent autant d'idéologies… Toute idéologie est croyance.

Vous dites que, concernant la vie *post mortem*, nous en sommes réduits à des « spéculations ». Je ne crois pas. Nous disposons de vérités et de certitudes – notamment celle-ci : du cosmos à la plus petite cellule du ciron cher à Pascal, il n'y a que de la matière. Dans un monde de matière, l'existence de quelque chose qui échapperait à la matière, l'âme immatérielle par exemple, est une supposition qu'il revient à celui qui la fait de démontrer. Ce n'est pas à celui qui n'y souscrit pas d'apporter la preuve que cette fiction n'est pas une vérité, mais à celui qui croit que c'est une vérité d'en apporter la preuve.

Sinon, il me suffirait de postuler l'existence d'une licorne avec laquelle j'ai régulièrement des conversations très enrichissantes en vous mettant en demeure de me prouver que cette licorne n'existe pas afin que je puisse conclure, à partir de votre incapacité à me donner la preuve de son inexistence, que je suis er droit d'en déduire son existence. La preuve incombe à celui qui affirme, pas à celui qui n'affirme rien.

Dès lors, on peut en effet proposer une exégèse des versets de la Genèse, mais si l'on croit que la Genèse relève de l'historique et non du poétique, du rationnel et non du mythologique, du fait et non de la fiction, du discours de vérité et non de l'allégorie littéraire, on se condamne à errer intellectuellement…

Que vous pointiez le caractère incompréhensible de ce texte de la Genèse me réjouit, car, au fur et à mesure de ma lecture, l'obscurité augmentant, j'ai fini par douter de mes capacités intellectuelles…

Je crois que le caractère obscur relève grandement des traductions de traductions qui ont encroûté le sens – comme le bitume encroûte une peinture de Vermeer… La traduction de Chouraqui est une restauration de couleur formidable, mais au point parfois qu'on ne reconnaît plus le texte et que le sens disparaît sous le souffle.

Ce que vous m'écrivez sur la « côte » (comme os…) et le « côté » (comme partie de l'être…) est à penser dans ce prolongement. Les jeunes filles dont vous me parlez au début de votre lettre trouveraient en effet matière à nourrir leur thèse avec cette information en estimant que l'être originel fut un hermaphrodite sectionné par Dieu, ce qui apaise la revendication féministe égalitariste, et non un produit dérivé d'Adam, un morceau inutile et secondaire, non vital, accessoire, détaché de l'homme dans le but de lui donner une compagne…

Dès lors, que des jeunes filles trouvent dans la Genèse une héroïne en la personne d'Ève ne me paraît pas mal-venu. C'est même plutôt bien-venu… Car Ève veut *savoir* quand Dieu le lui *interdit* : elle préfère la *connaissance* à l'*obéissance.* Comment dès lors le philosophe que j'essaie d'être pourrait-il ne pas applaudir des deux mains ?

Il faudrait aussi s'interroger sur ce qu'est le serpent : la figure du Mal qui parle ? Ou la voix de la sagesse ? La voix qui dit qu'il faut préférer savoir à croire ? Et nous voilà de nouveau dans le sujet central… À moins que, du point de vue de la foi et de la croyance, la voie de la sagesse en dehors de Dieu ne soit aussi, et en même temps, la figure du Mal ! J'ai la faiblesse de croire que cette hypothèse est la bonne...

Où l'on retrouve la généalogie du Bien et du Mal dans toutes les religions : le Bien est dans l'obéissance à la Loi divine (qui n'est jamais que la parole de ceux qui se disent mandatés par la divinité, autrement dit : le clergé au côté des puissants...) et le Mal dans la désobéissance à ladite Loi (qui est donc rébellion, révolte, insoumission, à l'endroit du même clergé).

Sur la mort qui ne serait pas un mal mais juste la finitude : la finitude peut être aussi un mal ! Quand la vie aura ou aurait été un bien, le fait qu'elle s'arrête est un mal parce que c'est une souffrance, une douleur, une peine que de quitter une bonne et belle chose, ou une potentialité de bonnes et belles choses.

La finitude est également un mal parce que notre conscience la présentifie dans les moments de grande joie et que ce surgissement de la finitude dans la plénitude est amoindrissement de la plénitude, voire disparition...

Seules les très vieilles personnes dont le souffle est infime et qui ont vécu une très longue vie remplie par la mort des leurs, ou les personnes qui n'ont plus goût à la vie par une trop grande souffrance psychique ou physique peuvent désirer la fin comme une libération ; elles pensent alors la finitude comme une délivrance, un soulagement.

Car, même dans une vie de peines et de souffrances, la vitalité est assez forte pour que le vouloir vivre soit plus puissant que le vouloir ne plus vivre. La puissance du désir d'être sur le désir de néant est le signe d'une vie forte. Dans cette configuration, finitude rime toujours avec incomplétude, donc défaut d'être, manque d'être. Voilà pourquoi Nietzsche écrit « Toute joie veut l'éternité »…

Sur les conduites à risque : elles supposent un mécanisme auquel j'ai consacré un livre[1] et sur lequel il n'existe pas de bibliographie en dehors d'ouvrages psychanalytiques : la dénégation. Le peu d'intérêt manifeste pour cette notion est inversement proportionnel à sa puissance et à son caractère répandu dans la vie courante.

La dénégation est un mécanisme mis en place par le néocortex pour contrer les informations données par le cerveau reptilien quand celles-ci s'avèrent trop perturbantes pour l'équilibre, l'identité ou l'idée qu'on se fait de soi.

Détruire son corps procède d'une évidente volonté thanatophilique qu'on ne veut pourtant pas voir. Dès lors, on ne méconnaît pas les méfaits de la tabagie, pour prendre cet exemple – mais uniquement pour autrui, car, pour soi, ces méfaits ne nous concernent évidemment pas…

1. *Le réel n'a pas eu lieu. Le principe de Don Quichotte*, Paris, Éditions Autrement, 2014.

Le libre arbitre se trouve déconnecté par un mécanisme d'autodéfense dans lequel il ne joue aucun rôle, il se trouve juste débranché pour que le mauvais influx ne circule pas ou plus : le stress, l'angoisse, l'inquiétude, la peur, l'anxiété qui conduisent au besoin d'utiliser ce psychotrope (mais ce peut être aussi l'addiction à l'alcool, aux drogues, au sucre, au sexe ou à toute autre chose qui s'avère mauvaise pour le corps...) se trouvent ponctuellement niés pendant que s'affirme ce qui les nie.

Il existe d'autres addictions, mais elles sont biophiles : j'en connais au moins une, le travail, l'écriture, la lecture...

J'ajoute que la religion relève pour moi, comme toute croyance, toute foi, de cette même logique psychotrope – au sens étymologique : « qui porte l'âme »...

La fiction d'une vie après la mort procède elle aussi de la dénégation : on ne veut pas se voir tel qu'on est (finis, mortels, soumis à l'entropie, limités, fragiles, etc.), on s'imagine donc tels qu'on aimerait être (infinis, immortels, échappant à l'entropie, illimités, inaltérables, etc.). La foi est d'abord foi en un soi idéal ; la croyance, croyance en un soi idéalisé. Feuerbach a très bien analysé ce mécanisme dans *L'Essence de la religion* et dans *L'Essence du christianisme.*

Le paradis est toujours étrangement meublé avec un matériel conceptuel qui s'avère l'inverse de notre vie terrestre : dans le Coran, par exemple, la vie du musulman dans le désert – qui ne boit pas de vin et mange ce que le sable lui laisse – se trouve sublimée *post mortem* dans une vie ayant pour décor une oasis céleste dans laquelle le vin coule à flots, la nourriture est abondante et les vierges à disposition et en quantité…

Permettez pour conclure que je me fasse un peu voltairien : si le sage Rav affirme dans le Talmud : « Dans le monde à venir, il n'y aura ni nourriture, ni boisson, ni procréation, ni marchandage, ni haine, ni jalousie, ni conflit, mais, en revanche, les justes seront assis [*sic*] avec des couronnes sur la tête et jouiront de la divine Présence », il nous faut bien conclure que, « dans le monde à venir », il y aura des chaises pour accueillir les postérieurs des Justes… Des casuistes ont probablement déjà pensé la question du statut ontologique de ces « postérieurs » , celle du mobilier céleste, puis analysé la nature du métier de chaisier dans l'au-delà…

MICHAËL AZOULAY : S'il est vrai que je vous ai entraîné sur le terrain théologique, de mon côté, je suis plus familier du dialogue interreligieux que du débat avec un non-croyant. Il n'en demeure pas moins que le second ne déroge pas aux prérequis de tout dialogue qui se veut sincère : décentrement, écoute attentive de son interlocuteur et respect de son opinion, surtout lorsqu'elle est argumentée. Par décentrement, notion si précieuse en anthropologie, j'entends la « capacité à prendre distance d'avec soi, ses repères, ses convictions, sa vision du monde, pour aller à la rencontre d'autrui[1] ». Ainsi, bien que ne partageant pas votre athéisme – vous imaginez, un rabbin athée ! ce serait comme un athée qui s'écrierait : « Je suis athée, Dieu merci ! » (Georg Lichtenberg) –, je vous avoue que je peux le concevoir, en particulier face au questionnement

1. Article de Pierre-Étienne Vandamme publié dans *Ethica* sous le titre « Qu'est-ce que le décentrement ? Moralité individuelle et justice sociale », vol. 21, n° 1, 2017, p. 167-202.

autour du mal à l'œuvre près de nous et dans le monde, problématique qui, je ne l'oublie pas, constitue le prodrome de notre correspondance. Il persistera toujours un hiatus entre le mal éprouvé et les mots que nous mettons sur les maux pour tenter de leur trouver du sens. Concernant votre rejet absolu de la croyance en l'existence d'une âme, il en va peut-être de l'âme comme de la foi. On serait bien en peine d'apporter des preuves scientifiques de son existence, les expériences de mort imminente ressortissant à un vécu subjectif. En vous lisant, il apparaît que votre athéisme s'origine lui aussi dans une certaine subjectivité puisque vous l'attribuez largement aux injustices de la vie.

La foi ne se prouve pas, elle se vit. Je ne peux donc que me soustraire à la charge de la preuve que vous m'imputez. Parler de foi c'est, en creux, évoquer le doute. On en revient à notre discussion relative au libre arbitre. Quelle liberté resterait-il à l'être humain si l'existence de Dieu était patente ? Les miracles relatés dans la Bible sont également impuissants à fonder la foi ainsi que le souligne Maïmonide : « Tous les miracles ne sont vrais que pour ceux qui les ont vécus ; mais plus tard, leur souvenir devient récit, que l'auditeur pourra tout à fait nier » (*Le Guide des égarés* III, 51).

Que représente le serpent tentateur ? Je vous répondrai que le serpent est appelé en hébreu *na'hach*, terme dérivant de *'houch* qui désigne le toucher et, plus largement, la sensorialité. « Au-delà de l'imagerie animale » (qui a probablement inspiré *Le Petit Prince* de Saint-Exupéry), le serpent « symbolise la sensorialité prise pour sa propre fin, qui d'inducteur intellectuel devient écran et obstacle[1] ».

Quant à la finitude que j'aurais idéalisée, vous me faites là un faux procès. Je crois comme vous qu'en dehors des situations de fin de vie pénible le désir de vivre est plus fort que tout. Le courage dont fit preuve Axel Kahn confronté à sa mort prochaine fait à mon sens figure d'exception. Je m'interrogeais simplement quant au rapport que nous aurions à la vie si elle ne devait pas connaître de terme. L'aimerait-on comme nous la chérissons en la sachant fragile ? Serions-nous encore des hommes ou deviendrions-nous des dieux ? Ce que Dieu lui-même semble redouter : « L'Éternel-Dieu dit : voici l'homme devenu comme l'un de nous, en ce qu'il connaît le bien et le mal. Et maintenant, il pourrait étendre sa main et cueillir aussi du fruit de l'arbre de la vie ; il en mangerait et vivrait à jamais. L'Éternel-Dieu le renvoya donc du jardin d'Éden… » (Genèse 3, 22 et 23.)

Enfin, Maïmonide avait relevé avant vous (mais sans votre humour caustique qui a stimulé mon

1. Raphaël Draï, *Identité juive, identité humaine*, Paris, Armand Colin, 1995, p. 110.

zygomatique) les contradictions dans la description que fait Rav de la vie de l'âme dans l'au-delà où persisteraient des attributs corporels. Le sage babylonien aurait eu recours à des métaphores. Ainsi, la position assise évoque la sérénité et la quiétude de cette nouvelle forme de vie par opposition aux vicissitudes de l'existence terrestre. L'ataraxie de Démocrite est ce qui se rapproche le plus de cet état. Les couronnes sur les têtes des justes symbolisent le savoir qu'ils ont acquis tout au long de leur vie ici-bas, sagesse grâce à laquelle ils jouissent de cette félicité. Enfin, la jouissance de la divine Présence doit être comprise comme celle que procure le fait d'approcher au plus près de Dieu, proximité que la cohabitation du corps et de l'âme rendait impossible. On fait ce que l'on peut avec les mots que l'on a pour décrire un monde supraterrestre qui nous est totalement étranger. L'usage d'anthropomorphismes appliqués à Dieu relèverait, selon l'auteur du *Guide des égarés* et des penseurs juifs avant lui tels que Saadiah Gaon (882-942) ou Rachi, des mêmes limites du langage humain.

Michel Onfray : Bon, me voilà assis à mon bureau après que « Dieu » m'eut infligé la semaine dernière un AVC qui aurait pu achever notre correspondance... D'ailleurs, est-ce « Dieu » ou le « diable » ? Car quelle lecture théologique peut-on faire de cet accident vasculaire cérébral ? Le second en ce qui me concerne...

Nous ne quittons pas notre affaire, car c'est ici clairement la question du Mal. Mais cet AVC est un mal pour moi ; encore que de ce mal peut dialectiquement surgir un bien, ce dont je suis intimement persuadé – car je sais, moi, quel bien est déjà sorti de ce mal. Je suis en train d'écrire cette histoire[1]...

Mais ce mal pour moi a probablement été un bien pour d'autres... Je suis un des philosophes les plus agressés qui soient et totalise à ce jour plus d'une douzaine de livres publiés contre moi

1. Elle est parue sous le titre *Le Deuil de la mélancolie*, Paris, Robert Laffont, 2016.

– du livre en trois volumes d'un psychanalyste à une BD… Qui dit mieux ? Sur mon lit d'hôpital, j'ai même appris la parution prochaine d'un nouvel opus ! D'aucuns ont dû souhaiter que cet AVC me laisse aphasique ou agraphique – sinon qu'il m'emporte… Voyez combien le mal de l'un peut être le bien de l'autre, voire combien le mal fournit parfois l'occasion dialectique qu'un bien en surgisse.

Saint Bernard de Clairvaux, quand il prend l'initiative des croisades, doit être fondamentalement convaincu qu'il fait le bien – en tuant, en ravageant sur son chemin jusqu'à Jérusalem… Plus récemment, Ben Laden, quand il se fait l'ingénieur maléfique de l'attentat des Twin Towers, doit être intimement persuadé qu'il fait le bien en massacrant trois mille innocents – qui, d'ailleurs, ne sont pas à ses yeux des innocents… De la même manière, quand la coalition occidentale bombarde des pays musulmans sous prétexte de préserver l'Occident du terrorisme en occasionnant la mort de quatre millions de victimes depuis 1991, elle est puissamment persuadée qu'elle fait le bien et sûrement pas le mal.

Chacun pense en effet faire le bien puisque chacun attaque ce qu'il croit être le mal : saint Bernard veut récupérer les Lieux saints qu'il estime appartenir aux chrétiens et qui sont occupés par les musulmans, donc profanés, souillés ; Ben Laden estime que les États-Unis représentent l'argent, le capital, le capitalisme, la modernité, la liberté païenne, l'Occident, et, bien sûr, le sionisme ; la coalition occidentale militaire estime derrière les États-Unis qu'elle ne fait que répondre sur le mode de la légitime défense à une attaque qui se présente elle aussi, côté musulman, comme une légitime défense...

Moi qui inscris mon travail dans le lignage nietzschéen, j'ai renoncé à penser en termes de *moraline* pour préférer la généalogie. Avant le jugement, que je ne m'interdis pas, bien sûr, je veux penser en termes de causes et de causalités : *d'où vient ce qui advient ?* C'est ma méthode. Mon credo si je puis dire... Ce devrait être celui de tout philosophe ou de quiconque cherche à savoir.

J'ai longtemps été prisonnier de la moraline et pas assez généalogiste... Mais il faut du temps pour se défaire de l'addiction de l'une et s'approcher de la patience de l'autre. Du temps, mais aussi du travail, des expériences, de la maturité, de la mémoire... Je vous avoue que ce changement de perspective modifie radicalement la vie spirituelle et intellectuelle.

La phrase qu'on prête à Socrate : « Nul n'est méchant volontairement » est impossible à comprendre avant de longues années... Elle suppose que ce que nous nommons le « mal » est un produit, une construction, une élaboration, un échafaudage ; il est la résultante d'une série de causes sans lesquelles il ne serait pas – le mal ne surgit pas de nulle part, il n'est pas la parole d'un serpent qui séduit, mais la somme de ce qui en fait un jour une addition.

La réaction qui me vient face au mal n'est pas celle de la personne intoxiquée par la moraline : « Est-ce bien ou pas bien ? », mais celle du généalogiste : « Qu'est-ce qui a rendu cela possible ? »

Par ailleurs, je ne pense pas la question du Bien et du Mal en idéaliste, sur le mode platonicien, en cherchant un Mal ou un Bien archétypiques, absolus, emblématiques, idéaux, mais sur le mode nominaliste : *quid* de ce mal-là, ou de ce bien-là, en particulier, ici, dans cette circonstance et dans cette occasion ?

C'est ainsi que je pense le perspectivisme nietzschéen : non pas comme une annonce de la fin de la vérité (du bien et du mal par exemple…), mais comme l'épiphanie d'une nouvelle façon de la penser (liée aux conditions de sa possibilité, à son *actualité* au sens scolastique du mot, c'est-à-dire dans sa présence en actes, et à ses conséquences).

Aborder la question du Mal, avec une majuscule, c'est se condamner à essentialiser, donc à passer à côté du réel, à généraliser, donc à manquer le particulier, et à faire la part belle à l'ontologie, dans le meilleur des cas, ou à la métaphysique, dans le pire – le pire car s'installer au-delà de la physique permet tout… Ce ratage du réel se fait toujours au détriment de l'Histoire dont le congédiement est la grande affaire du nihilisme, son signe même.

Sur l'âme : bien sûr que j'y crois. Mais, là aussi, là encore, sûrement pas comme un objet relevant de l'idéalisme mais comme une force associée à l'être de la personne concernée. Cette force disparaît matériellement en même temps que la personne concernée, bien qu'elle puisse subsister dans la mémoire de ceux qui restent. En ce sens, l'âme nomme ce qui enveloppe l'être.

Je n'ai jamais cru à la fiction d'une âme immatérielle, car, dans un monde qui n'est fait que de matière, à quoi pourrait bien ressembler ce qui échapperait à la matière ? Et puis pourquoi l'homme seul aurait une âme et pas le poisson rouge – ou le rat, ou la puce ?

L'invention d'une âme immatérielle est tout à fait raccord avec l'invention d'un Dieu immatériel. Ces deux inventions sont probablement concomitantes : il fallait bien un instrument de même nature que l'un (*insubstantiel* si je puis dire...) pour entretenir des relations avec l'autre. S'en tenir aux cinq sens, au corps et à sa matérialité aurait obligé à un Dieu visible, audible, perceptible, tactile... et parfumé ! L'aventure religieuse avec ses menaces, ses arrière-mondes, ses récompenses et ses punitions était alors impossible...

En revanche, postuler l'immatérialité dans un monde tout entier réductible à la matière ouvrait tous les champs des possibles métaphysiques – au sens étymologique : au-delà et après la physique !

Je ne crois qu'à la table de Mendeleïev – donc à une âme matérielle…

Enfin, je vous trouve très habile dialecticien quand vous écrivez : « La foi ne se prouve pas, elle se vit. Je ne peux donc [*sic !*] que me soustraire à la charge de la preuve que vous m'imputez. » Vous avez le « donc » facile ! Et, voyez-vous, en toute amitié et avec un peu de taquinerie, je ne saurais m'en contenter…

Si vous permettez, en langage trivial, ça donne quelque chose du genre : « Circulez, y a rien à voir. » Or, le propre de notre correspondance, c'est justement de s'arrêter pour voir ce qu'il y a à voir, de se demander comment on peut le voir, de quelle manière il est possible ou pensable d'aborder ce rendu-visible, tourner autour, le circonscrire, y entrer afin d'examiner les choses autant que faire se peut.

L'évitement de la question n'empêche pas que la question se pose… On ne saurait répondre à une question par une autre question, je sais que la chose est prisée dans votre communauté, mais ça n'est pas une « raison » – le mot pèse tout son poids ici, c'est juste une astuce, sinon une ruse… Pas plus on ne saurait dire d'une question qu'elle n'en est pas une, ou bien qu'elle ne se pose pas. À moins de vouloir éviter le débat, l'échange.

Imaginez que je vous dise moi aussi : « L'athéisme ne se prouve pas, il se vit. Je ne peux donc [*sic !*]

que me soustraire à la charge de la preuve que vous m'imputez. » Dans ces conditions disons... épistémologiques, à quoi bon continuer notre échange ?

C'est justement ce qui achoppe qui présente un intérêt : la foi peut se vivre, certes, je n'en disconviens pas ; elle peut ne pas se prouver non plus, entendu, mais nous pouvons chercher tout de même à approcher son cœur nucléaire au plus près. C'est très exactement la première étincelle éthique que de se soucier de l'être de l'autre, de l'intimité et du moteur même de l'essence de l'autre. Non ?

Michaël Azoulay : « Il n'y a guère de mal où il n'y a un peu de bien », enseigne le Midrach. Un mal pour un bien fait-il de ce mal un bienfait ? Ce questionnement fait l'objet d'un débat talmudique entre, d'une part, des partisans du présentisme, estimant que l'être humain vit avant tout dans l'immédiateté et dans l'ignorance de ce que l'avenir lui réserve et, d'autre part, ceux qui, confiants en l'avenir, sont persuadés que « tout ce que Dieu fait, il le fait pour le bien[1] », quand bien même ce bien serait en l'état actuel démenti par le réel. Pour les premiers, présumer que demain sera plus clément, qu'une épreuve peut vous faire grandir, ne rend pas forcément plus supportable le malheur qui s'abat sur vous.

Vous m'avez ouvert à une tout autre lecture de ce passage du Talmud par vos réflexions relatives à la

1. Talmud de Babylone, traité *Berakhot,* p. 60, folios a et b.

récurrence dans l'Histoire du mal commis au nom du bien à venir. Les idéologies totalitaires sèment la mort au nom de lendemains qui chantent. Or, la fin ne justifie pas les moyens. C'est peut-être ce que le Talmud veut signifier lorsqu'il préconise de ne s'attacher qu'au présent et à ses conséquences immédiates. J'ai néanmoins conscience, ce faisant, de prendre des libertés avec le Talmud puisque celui-ci traite de ce qui nous advient et non de ce que nous faisons advenir.

Le cheminement qui vous a conduit à passer d'une posture de jugement à celle de compréhension m'a rappelé que j'ai connu une évolution similaire. En sortant du Séminaire israélite de France (qui existe depuis 1829 et qui pourrait inspirer la formation des imams de France), je voyais mes coreligionnaires comme des rabbins qui s'ignoraient et auxquels je devais apporter la « bonne parole ». À une époque de ma vie où je réduisais le judaïsme à la pratique religieuse, je portais un jugement réprobateur, voire méprisant sur ceux qui, à mes yeux, n'étaient pas « assez juifs ». Il fallut que je réalise l'extrême diversité des parcours de vie, des éducations, des milieux, des héritages ; les déterminismes qui nous font et dont il a été question dans nos échanges. J'ai, depuis, fait mienne cette citation du grand historien et résistant français Marc Bloch (1886-1944) : « Par malheur, à force de juger, on finit presque fatalement par perdre jusqu'au goût d'expliquer. »

En langage rabbinique, cette démarche se trouve ainsi résumée par ces apophtegmes : « ne juge pas ton prochain avant de t'être trouvé à sa place », et « juge tout homme favorablement »[1]. Cette démarche d'acceptation de l'autre par la compréhension de ce qui fait qu'il est ce qu'il est vaut aussi pour soi. Que l'on croie au libre arbitre de Maïmonide ou à la « libre nécessité » de Spinoza, identifier les déterminismes externes et internes qui nous traversent constitue le seul moyen de mieux se connaître. Le repentir de celui qui a commis une erreur n'est que velléitaire s'il ne s'attache pas à remonter à la cause de son erreur. En hébreu, « repentir » se dit *techouvah* qui signifie littéralement « retour ». La contrition est avant tout une démarche réflexive.

Le caractère relatif des notions de bien et de mal que vous évoquez nous ramène une fois de plus à « l'arbre de la connaissance du bien et du mal », car le texte ne définit en aucune manière ce que sont le Bien et le Mal. Existe-t-il une éthique universelle ? D'un État à un autre, d'une ethnie à une autre, trouve-t-on des impératifs moraux communément partagés ? La célèbre anthropologue Françoise

1. Claude-Annie Gugenheim, *La Michna*, t. 15 : *pirqé avot*, Keren Hasefer ve Halimoud (fonds de restauration du livre et de l'enseignement), collection dirigée par M. le rabbin Michel Gugenheim, 1993, p. 11 et 42.

Héritier répond que les questions sont universelles – « peut-on tuer, dérober, mentir, agir en toutes occasions à sa guise ? » – mais pas les réponses. Elle relève également l'apparition en divers lieux de quelques principes (moraux) simples et très généraux, dont les Dix Commandements et l'aphorisme « Ne fais pas à autrui ce que tu ne souhaites pas que l'on te fasse. » Elle cite Claude Lévi-Strauss pour qui « la seule composante universelle des sociétés humaines » est « la prohibition de l'inceste », dont l'extension varie selon les sociétés[1]. Le judaïsme étant la religion particulière d'un peuple, il ne saurait prétendre à une quelconque universalité, sauf à considérer que l'universel ne peut s'atteindre que par le singulier. C'est la thèse défendue par un éminent penseur juif franco-israélien, Shmuel Trigano : « L'élection est une façon paradoxale de construire l'idée d'humanité, c'est-à-dire d'établir un rapport entre ses composantes, les peuples, sur la base de son unité de principe, par le biais de la soustraction d'un élément [...]. On pourrait dire que la différenciation qu'introduit Israël dans l'humanité met en œuvre un processus à travers lequel sont reconnues les spécificités des peuples tandis que l'unité de l'humanité est différée, posée comme un horizon[2]. »

---

1. Comité consultatif national d'éthique, *La Bioéthique, pour quoi faire ?*, Paris, PUF, 2013, p. 23-29.
2. Shmuel Trigano, *Le Judaïsme et l'esprit du monde*, Paris, Grasset, 2011, p. 281 et 288.

Les animaux ont-ils une âme ? Cette question me fait penser à la controverse de Valladolid en 1550 au sujet de l'âme des Indiens du Nouveau Monde. Les penseurs juifs du Moyen Âge semblent s'accorder sur l'existence d'une âme animale mais s'affrontent quant à la question de savoir si elle va au ciel. Plus largement, dans son *Guide des égarés*, Maïmonide oppose les hommes aux bêtes en déduisant de la Bible que la Providence divine s'étend à chaque être humain tandis qu'elle embrasse l'espèce animale dans son ensemble. C'est ce qui justifie, selon lui, qu'on puisse les égorger pour les consommer. Ce qui ne l'empêche pas d'écrire sur la souffrance animale et ce qu'implique moralement pour l'homme sa prohibition : « Il n'y a pas de différence entre la douleur qu'éprouverait l'homme et celle des autres animaux ; car l'amour et la tendresse d'une mère pour son enfant ne dépendent pas de la raison, mais de l'action de la faculté imaginative, que la plupart des animaux possèdent aussi bien que l'homme. [...] Si la loi a eu égard à ces douleurs de l'âme quand il s'agit de quadrupèdes et d'oiseaux, qu'en sera-t-il à l'égard de tous les individus du genre humain ? » Il ajoute que c'est « en vue de notre perfectionnement moral » que nous devons faire preuve de pitié et de miséricorde à l'égard des animaux non pour eux, mais pour nous, « afin que nous ne contractions pas des mœurs dures »[1]. Ce discours sur les bêtes, qui serait qualifié aujourd'hui de spéciste, contraste avec celui qui tend de plus en plus à s'imposer. Les progrès de l'éthologie estompent les frontières entre l'humain et l'animal et battent en brèche l'anthropocentrisme religieux et séculier adepte d'un homme « dénaturé », au sens que donne à ce terme Vercors, c'est-à-dire arraché à la nature. Le penseur Saadiah Gaon (882-942) va plus loin en affirmant que, comme les hommes, les animaux vont au ciel. Quant à la mystique juive qui s'intéresse beaucoup à l'âme, selon elle, il existerait non pas une, mais plusieurs âmes, les animaux étant dotés de la première d'entre elles. Celle que, dans l'Antiquité, on attribuait à tous les vivants, l'âme étant définie comme un principe d'animation (« âme » se dit en latin *anima*).

Enfin, ce que j'ai voulu dire et qui a suscité votre agacement, c'est que le « cœur nucléaire » de la foi se trouve quelque part dans le fait de s'y raccrocher en dépit de tous les coups qui lui sont portés par la cruauté du monde dans lequel nous vivons. À la manière de Job, accablé de tous les malheurs, incapable d'y trouver du sens, mais qui se résout à continuer de vivre plutôt que de céder à l'incitation de sa femme à se donner la mort

1. Moïse Maïmonide, *Le Guide des égarés suivi du Traité des huit chapitres*, *op. cit.*, p. 466 et 596.

pour soulager ses souffrances. Dialoguer, n'est-ce pas aller jusqu'à accepter la part d'incommunicabilité de l'autre ? N'est-ce pas le propre même de l'altérité que de se dérober à celui qui tenterait de la saisir ? Mais, parce que, comme vous, je souhaite continuer notre échange, je vais tenter de vous donner à percevoir l'invisible auquel je crois.

Vous aurez compris que je suis un peu mal à l'aise avec la démarche adoptée par certains théologiens ou scientifiques croyants qui sont plutôt à mes yeux des croyants scientifiques. Je fais miennes vos interrogations légitimes quant à l'objectivité, je devrais même dire la scientificité d'une démarche qui consiste à rechercher les preuves de ce en quoi l'on croit déjà. Je pense, par exemple, au best-seller *Dieu, la science, les preuves* coécrit par Michel-Yves Bolloré et Olivier Bonnassies (publié en 2021 chez Guy Trédaniel). Démontrer l'existence de Dieu revient paradoxalement à nier la foi en son existence puisque celle-ci deviendrait une certitude. Elle ne relèverait alors plus de la foi qui, par définition, repose sur le doute ou sur la croyance qu'au cours de l'histoire certains de nos ancêtres ont acquis cette certitude. Ce à quoi je faisais référence avec la Révélation sinaïtique vécue par le peuple hébreu. Il s'agit là encore de foi lorsque l'on n'a pas assisté à cet événement mais que l'on croit qu'il a bien eu lieu, à la véracité de son récit. J'en arrive à penser – mais peut-être me contredirez-vous – que le point d'achoppement entre nous est votre attachement à une idée que l'on attribue au philosophe grec Protagoras qui veut que l'homme (et sa raison) soit la mesure de toute chose. Ainsi, vous rejetez ce que votre raison ne saurait admettre. Je préfère pour ma part cette invite de Benoît XVI à « accepter que l'Homme ne naît pas de lui-même ». La foi est aveu des limites de l'entendement du « fils de l'homme[1] ». Je serais heureux de vous lire à ce sujet, car nous tenons là un sérieux motif de divergence.

1. Expression récurrente dans la Bible, et qui renvoie souvent à la fragilité de la condition humaine.

Michel Onfray : Je voudrais relire un peu le Livre de Job avec vous parce que, d'une certaine manière, toutes les questions qui nous préoccupent depuis le début de notre entretien sont là : la nature du mal ; le rapport entre le bon et le bien et le mauvais et le mal ; la dialectique qui rendrait possible un bien qui sortirait d'un mal ou un mal qui découlerait d'un bien ; le rapport entre Dieu et le mal ; la très subtile hypothèse casuiste, sinon sophiste, du moins rhétorique, du retrait du monde d'un Dieu qui laisserait faire les hommes, y compris le mal ; Dieu qui crée l'homme libre de le nier, certes, mais qui le punit tout de même, et comment !, d'avoir fait un usage critique de son libre arbitre…

Avec la Genèse, le Livre de Job et l'Ecclésiaste sont les textes de la Bible que j'ai le plus lus. Comme vous le savez mieux que moi, on trouve dans la Genèse la résolution d'un certain nombre de questions : les origines, la généalogie de tout être, le péché originel défini comme volonté de savoir, la création du bien et du mal en regard de l'obéissance ou de la désobéissance à Dieu, la damnation en cas d'usage rationnel de son libre arbitre, le corps maudit comme punition, la création des sexes et la production de la différence sexuelle avec un rejet de la faute sur la femme, donc les femmes.

On trouve dans l'Ecclésiaste un catalogue du tragique absolu : tout est vanité ; la vie est vaine ; le mal est grand ; les hommes sont fous ; la violence règne partout ; l'injustice triomphe ; il n'y a rien à espérer ; la négativité triomphe et se répète sans cesse ; le bien n'est pas payé, le mal n'est pas puni ; la sagesse est méprisée ; l'augmenter, c'est augmenter sa douleur ; la mort emporte tout et tout le monde ; la justice n'existe pas ; les hommes sont envieux et jaloux les uns des autres ; le désir est sans fin, il tenaille les humains avec ardeur ; le jour de la mort est supérieur au jour de la vie parce qu'il met fin au mal ; la femme est un piège, le mieux est d'y échapper ; il y a des prospérités au vice et des malheurs à la vertu ; écrire des livres n'a pas de fin ; les études sont une fatigue – et puis, dans ce catalogue perpétuel du pire, cette perpétuelle invitation hédoniste. Qôhèlet dit en effet à plusieurs reprises : « J'ai loué la joie, parce qu'il n'y a de bon pour l'homme sous le soleil que de manger et de boire et de se réjouir ; et puisse cela l'accompagner dans sa peine durant les jours de sa vie que Dieu lui donne sous le soleil ! » (8, 15.) Je ne pourrais dire mieux – je ne dis d'ailleurs rien d'autre... Certes, il existe une conclusion avec deux phrases qui invitent à craindre Dieu et à observer ses commandements, mais on sent l'ajout tardif d'un copiste pour tâcher de transformer ce texte tragique en un prospectus apologétique qui perd toute sa puissance noire. Car, si tout est vraiment vanité, ce que je crois, alors Dieu est aussi vanité, sinon rien ne serait vanité... La misère de l'homme est celle de l'homme sans Dieu nous apprennent les *Pensées* de Pascal.

Mais je m'égare, c'est du Livre de Job que je voulais vous entretenir. Car il pose le problème du mal, certes, mais, mieux que cela, il nous met face à cette question beaucoup plus subtile : Pourquoi croire en un Dieu qui nous envoie le mal ? Car il est en son pouvoir de faire le bien ou de laisser faire le mal, donc de le faire aussi. Si le vicieux connaît des prospérités et le vertueux des misères, c'est qu'Il l'a voulu selon un ordre de ses raisons qui semble à l'homme sans Dieu un ordre de déraison. Pourquoi punir le bien et récompenser le mal ? Pour quelle raison faudrait-il être bon quand faire le mal resterait impuni par qui peut et sait punir – la Bible abonde en exemples de punitions et de colères ?

Job est un homme droit et il connaît l'ulcère – on pourrait dire aussi le « cancer », entendu dans son double sens réel et métaphorique. *Quid* en effet de la maladie ? Quelles en sont les raisons théologiques ? Ma compagne qui ne croyait pas en Dieu mais qui n'a jamais augmenté le mal sur Terre durant toute sa courte existence, ce dont j'ai été témoin pendant les trente-sept années de notre vie commune, a subi un cancer pendant treize années. Elle a supporté une chimiothérapie pendant sept années *non-stop*. Elle qui n'a jamais fait le mal a vécu avec le mal dans sa chair et dans son âme pendant de longues années jusqu'à sa fin qui fut terrible. Son pauvre petit corps ressemblait à ceux qui sortaient des camps de la mort... *Pourquoi ?* Je ne crois pas en Dieu, mais j'aurais du mal à croire en un Dieu qui, positivement, ferait cela, ou qui, négativement, le laisserait faire.

Les amis de Job lui disent qu'il a sûrement péché pour encourir un pareil tourment ; or on sait qu'il n'a pas péché. Dans l'ordre des raisons judéo-chrétiennes, Marie-Claude n'avait pas péché non plus... Si ça n'était pas elle, alors ce serait donc son frère, comme le dit une célèbre fable de La Fontaine ? Disons : l'un des membres de sa famille... Possible. Mais alors pourquoi faire payer à l'un la facture de l'autre ? C'est injustice là aussi, là encore... On sait depuis Adam et Ève que, de génération en génération, les hommes paient une faute qu'ils n'ont pas commise, eux, mais leurs parents. Quelle étrange idée de chercher dans l'arbre généalogique motif à punir un innocent quand le coupable l'a déjà été ! Car Dieu ne maudit pas seulement un couple, mais sa descendance tant qu'elle durera. Et nous en sommes… Dieu voudrait donc explicitement une injustice ? Croit-Il pouvoir établir le règne de la justice en accumulant des preuves d'injustice et en commençant par une injustice majeure ?

Il faut bien tout le talent rhétorique juif de Hans Jonas formé à l'herméneutique et à la phénoménologie allemande pour annoncer, dans *Le Concept de Dieu après Auschwitz*, que Dieu se met en retrait afin de laisser faire les hommes, ce qui permet ensuite d'imputer la Solution finale aux hommes et d'assurer l'insolvabilité ontologique de Dieu !

Or, c'est intellectuellement habile mais théologiquement faux… Car le choix de ce retrait se fait pour Dieu en connaissance de ce qui sera, puisqu'Il ne saurait ignorer ce qui fut, ce qui est, et ce qui sera – sinon Rome n'est plus dans Rome... Ici, Dieu, c'est Ponce Pilate : Il s'en lave les mains. Et se mettre en retrait de la Solution finale en sachant ce qu'elle est avant qu'elle ne soit afin de pouvoir dire ensuite, après elle : « Je n'y suis pour rien, car les hommes y sont pour tout » est un artifice humain, celui du philosophe, en l'occurrence Hans Jonas ; c'est une parole indigne d'un Dieu digne de ce nom, mais digne d'un philosophe doué pour les artifices de langage…

Car l'omnipotence et l'omniscience entrent parmi d'autres qualités ontologiques, dont l'omniprésence, dans les attributs de Dieu ; sinon à quoi bon être Dieu ? S'Il ne peut pas tout et s'Il ne sait pas tout, alors Il est pareil aux hommes ! Dans ce cas-là, il faut arrêter tout le toutim, si je puis dire, et conclure à l'histoire pour enfant...

Il est trop facile de dire que Dieu sait tout et peut tout quand c'est arrangeant (Il peut créer le monde à partir de rien en six jours, créer l'homme puis la femme avec la côte extraite du thorax du premier, ouvrir la mer en deux pour laisser passer son peuple et le sauver, etc.) et, quand ça cesse de l'être, pour l'ulcère de Job sur son fumier ou la mort de millions de Juifs dans les chambres à gaz, d'affirmer cette fois-ci que la puissance qui peut créer le cosmos n'est pas capable d'arrêter la main d'Hitler. Et pourquoi donc ? Si ce n'est parce qu'Il n'a pas plus de pouvoir sur la création de l'univers qui n'est pas de son ressort que dans le fait qu'Auschwitz a eu lieu. Car régler le problème de l'ulcère de Job semble assez facile de la part d'un Dieu qui a créé l'univers – en vertu du principe que qui peut le plus peut le moins...

Il est vrai que, en bon connaisseur des gnostiques qu'il fut, en excellent disciple de la phénoménologie heideggérienne qu'il a été, Jonas prend bien soin d'intituler sa fameuse conférence *Le Concept de Dieu après Auschwitz* – « le concept de Dieu » n'étant pas tout à fait Dieu mais le pauvre artifice intellectuel dont les hommes ont besoin pour tenter de penser ce qui habituellement est déjà tout un art (penser la nature de Dieu, celle de Son nom ou Ses noms, penser Son caractère indicible, activer pour ce faire la théologie négative…), mais qui devient véritablement une performance toutes catégories intellectuelles confondues lorsqu'il s'agit de penser un concept qui a l'habileté de se mettre en retrait… Déjà un concept, ensuite un concept en retrait : avouons que l'entreprise risque de ne mettre en compétition que des sophistes, des rhéteurs, des dialecticiens, des théologiens, des ontologistes, des philosophes, puis des rabbins, des prêtres et des pasteurs, et que, pendant ce temps-là, Job peut souffrir, des Juifs périr en quantité et des millions de malades du cancer connaître de longues agonies…

Dieu qui a tout créé reste sur la touche et refuse de faire l'arbitre pendant que les hommes s'activent sur le terrain, conduits par le diable qui est un ange rebelle et, dans sa foulée, l'homme qui lui a tourné le dos. Bien joué…

MICHAËL AZOULAY : Je comprends votre sentiment d'injustice face au châtiment corporel dont l'humanité, issue d'Adam et Ève, aurait hérité, et notamment la condamnation des femmes à accoucher dans la douleur. Héritage biblique de surcroît en contradiction flagrante avec un autre verset (Deutéronome 24, 16) qui insiste sur la responsabilité personnelle en affirmant que « les enfants ne doivent pas être mis à mort pour les pères : on ne sera mis à mort que pour son propre méfait ». Toutefois, la notion de responsabilité intergénérationnelle se retrouve dans un autre verset, terrifiant : « ... Il [Dieu] poursuit le méfait des pères sur les enfants, sur les petits-enfants, jusqu'à la troisième et à la quatrième descendance » (Exode 34, 7). L'auteur du Targoum Onkelos (traduction commentée de la Bible hébraïque) tente d'atténuer la violence du texte en ajoutant aux « enfants » et « petits-enfants » le qualificatif de « rebelles », c'est-à-dire perpétuant la mauvaise conduite de leurs parents.

Il justifie ainsi le châtiment divin comme étant la conséquence du choix des descendants de ne pas se départir de l'inconduite de leurs ascendants. Le pourraient-ils ? C'est la question des déterminismes qui fait également l'objet de nos échanges.

La doctrine du péché originel n'est pas juive mais chrétienne, même si on en trouve des relents dans la mystique juive. Nous ne subissons pas « de génération en génération » la faute des père et mère de l'humanité parce que le châtiment spirituel d'Adam ne concerne *que* l'âme d'Adam et n'affecte pas toutes les âmes appelées à naître. Il en résulte que les Juifs n'ont pas besoin de rédemption spirituelle et de la mort d'un Messie qui les délivrerait du « péché ».

Pour ma part, j'ai plutôt tendance à appréhender le legs parfois mortifère transmis par les parents aux enfants à la manière de la psycho-généalogie ou psychologie transgénérationnelle destinée à rompre avec des scénarios répétitifs malheureux. Je pense ici aux travaux de la psychanalyste Marie Balmary qui explore les textes bibliques fondateurs à la lumière des théories psychanalytiques. Mais, ce faisant, j'ai conscience de trahir la littéralité à laquelle vous êtes bien plus fidèle…

Je ne saurais que répondre à votre interrogation indignée, qui est aussi la mienne, face à une Providence divine sélective qui délivre son peuple d'Égypte pour l'abandonner à Auschwitz. Selon quel critère Dieu décide-t-il d'agir ou de s'abstenir ? Vous posez là une question insoluble pour le croyant contraint d'en appeler aux limites de l'entendement humain.

Concernant la doctrine de la rétribution (la récompense ou la punition de nos bonnes ou mauvaises actions) qui serait, selon vous, au cœur du Livre de Job, il me semble que vous passez à côté du véritable message de ce livre pour au moins deux raisons :

En premier lieu, ce sont les « faux amis » de Job qui attribuent les malheurs qui l'accablent à ses péchés supposés, ajoutant ainsi de la souffrance morale aux tourments de Job. Or, l'intérêt de ce livre ne réside-t-il pas essentiellement dans la récusation de ce lien de causalité ? Le juste qui souffre comme le méchant qui prospère ne démontrent-ils pas l'inanité de cette grille de lecture si commode ? À partir du chapitre 34 apparaît un quatrième personnage, Elihou, qui tient un discours qui sera repris et développé par Dieu qui prend la parole du chapitre 38 jusqu'à la fin du livre. Ce n'est pas tant l'équité que l'omnipotence de Dieu qui y est soulignée, toute-puissance qui contraste avec l'ignorance et la faiblesse de la condition humaine entravant la compréhension des voies du Créateur de toutes choses (Dieu se présente ainsi dans le discours qu'Il tient à Job).

En second lieu, vous postulez que la rétribution est immanente, qu'elle est afférente à notre vie terrestre. Or, le Talmud relate l'histoire d'Élisée fils d'Avouyah (v. 70-140), grand érudit qui devint un apostat. Le Talmud attribue son apostasie soit à sa spéculation mystique, soit aux persécutions de l'empereur romain Hadrien après l'échec de la révolte de Bar Kokhba (132-135e.c.). Le Talmud relate qu'Élisée aurait aperçu la langue d'un rabbin martyrisé par les Romains sectionnée et jetée dans une poubelle. Il se serait alors écrié : « Est-ce donc une fin méritée pour une langue qui appartenait à une bouche dont tant de perles [d'enseignements précieux] sortirent ? » Le Talmud émet une troisième hypothèse : ce rabbin aurait assisté à une injustice criante. Celle subie par un enfant obéissant à la demande de son père de réaliser le commandement dit « du nid d'oiseau ». Prescription biblique inintelligible consistant à chasser une oiselle avant de lui ravir ses oisillons ou les œufs qu'elle couve. Selon la Bible, la piété filiale et le commandement du nid d'oiseau assureraient la longévité à celui qui les accomplit. Élisée voit cet enfant tomber de l'échelle et périr dans sa chute. Vie abrégée au lieu d'être prolongée pour avoir observé deux commandements récompensés par la longévité… Il perd alors foi dans la Providence divine et sa promesse de rétribution et de châtiment, attiré par le gnosticisme ou le manichéisme, voire l'athéisme. Un sage qui se nomme Rabbi Jacob (sérieusement) réagit différemment à cet épisode en soutenant qu'il n'y a de rétribution pour nos actions qu'après la mort. Il affirme qu'il n'y a aucune récompense à espérer ici-bas. Et c'est là que résiderait, selon lui, la méprise d'Élisée renommé désormais *Ah'er* (« l'Autre »). La longévité promise par la Bible serait l'éternité de la vie *post mortem.* Je pressens que vous ne souscrirez pas à cette opinion qui est loin de faire l'unanimité entre les sages du Talmud car lorsque l'on ne croit pas en l'existence d'une âme et d'un au-delà, l'exigence de justice s'impose ici et aujourd'hui. Mais cette posture a au moins le mérite de remettre en cause le schéma causal et simpliste de la rétribution.

Permettez-moi d'en venir à présent à l'hypothèse de la spéculation mystique qui aurait entraîné l'apostasie d'Élisée fils d'Avouyah, car elle fait écho à la première leçon du Livre de Job dont je vous ai entretenu. Le Talmud relate les déboires de quatre sages ayant pénétré dans un « pardès » (mot d'origine perse ou du grec *paradeisos,* « paradis » en français) en quête de la sagesse divine. Ils s'y brûlent les ailes. Élisée abjure, le deuxième perd la raison, le troisième meurt. Seul le quatrième, Aqiva (v. 45-135ᵉ.c.), en ressort indemne. À ceux qui l'interrogèrent afin de savoir comment il en avait réchappé, il répondit que ce n'est qu'à l'humilité qu'il dût son salut. Le fait d'avoir admis que son hominité, pour reprendre le terme de Vladimir Jankélévitch, l'empêchait de tout comprendre, de trouver du sens en toutes situations, l'avait préparé à une quête qui le confronterait à des questionnements profonds et radicaux. N'est-ce pas le même message qui se dégage du Livre de Job ? Et si croire en Dieu, en un Être à l'entendement infini, c'était croire que certaines questions – et celle du mal en particulier – demeurent sans réponse ? Ce que vous qualifierez peut-être de paresse intellectuelle ne relève t-il pas plutôt des limites de l'esprit humain ?

Je serais intéressé par l'opinion du philosophe que vous êtes à ce sujet : la raison serait-elle une faculté qui ne connaît aucune limite ? Et qui, si elle en rencontre, s'arroge le droit de décider que cette limite n'existe pas ? À l'absolu de Dieu faudrait-il préférer l'absolu de la raison ?

Enfin, le Livre de l'Ecclésiaste a failli ne pas être inclus dans le canon biblique en raison de son pessimisme désabusé et de son interrogation existentielle.

Je soutiens pourtant que ce qui a « sauvé » ce livre *a priori* irréligieux, c'est d'avoir intégré une sorte de droit au doute et à la révolte contre l'apparente absurdité de l'existence, de trouver légitime la recherche du bonheur et de la jouissance. Quel serait le degré d'humanité d'une religion qui y serait insensible ?

MICHEL ONFRAY : Je ne suis pas étonné que, dans la Bible, on puisse toujours trouver un verset qui dise une chose et un autre qui dira le contraire… Sans quoi il n'y aurait eu chez les Juifs aucune herméneutique et, chez les chrétiens, aucune patristique ni aucune scolastique !

Mais convenons qu'avec cette prolifération de propos contradictoires on peut dire tout et le contraire de tout sur des questions majeures ! Justifier la paix tout autant que la guerre, le pardon tout autant que la vengeance, ou bien, ici, le caractère transmissible, ou non, du péché originel ! Avouez que ça change tout. C'est d'autant plus étonnant que le texte dit une chose et que le commentaire en dit une autre et que le commentaire finit par primer sur le texte ! Car le texte dit bien, corrigez-moi si je me trompe, que Dieu lui-même dit à Adam : « Je mettrai de l'inimitié entre toi et ta femme, entre ta descendance et sa descendance : celle-ci te visera à la tête, et toi, tu la viseras au talon » (Genèse 3, 15).

Mais l'exégète du Targoum Onkelos *ajoute au texte*, ce qui me sidère, et lui fait dire autre chose. Or, cet autre chose abolit le sens premier au profit d'un sens second qui dit en substance : « Dieu décrète la damnation d'Adam et Ève, puis de leur descendance », mais l'exégète ajoute : « si et seulement si la descendance se montre rebelle », autrement dit si elle se fait elle aussi pécheresse en réitérant le péché des parents. De sorte que nous disposons d'une étrange équation : Dieu dit une chose ; l'herméneute en dit une autre ; et l'exégète a raison sur Dieu ! C'est soit tenir Dieu pour pas grand-chose, ou même rien ; soit tenir l'homme qui commente pour beaucoup plus, voire pour tout – quoi qu'il en soit : pour supérieur à Dieu en matière de vérité et de sens ! Qu'un simple mortel puisse *corriger Dieu* et rendre caduc son propos par son seul verbe, voilà qui témoigne d'une étrange façon de faire ! On songe hélas à ceux qui invoqueraient le fameux « peuple élu » pour conclure que le peuple de Dieu s'enivre tellement de cette élection qu'il se donne même le pouvoir de corriger la copie de Dieu...

Mais je comprends les motivations philosophiques de ce dispositif sinon sophistique, du moins rhétorique : pour que Jésus comme sauveur des pécheurs du monde puisse advenir et réaliser son magistère, il faut bien que le péché originel soit transmissible comme Dieu le dit ; sans péché originel, pas de justification d'un fils de Dieu qui viendrait sur Terre pour mourir sur la Croix afin d'assurer la rédemption des humains peccamineux nés après Adam ! Dès lors, abracadabra, un exégète décrète qu'on ajoute au texte pour lui faire dire autre chose, et le christianisme devient théologiquement impossible. Permettez-moi un commentaire trivial : c'est culotté !

Vous abordez la question de la psychanalyse – elle est pour moi l'un des avatars judéo-chrétiens de la patristique, de la scolastique, de la sophistique, de la rhétorique, de l'herméneutique et de toute la tradition universitaire idéaliste européenne ! C'est dire... J'ai consacré un livre à déconstruire cet avatar en citant Freud et en écartant tous les commentaires accumulés sur son nom. Au lieu d'un débat sur les arguments, j'ai découvert à cette occasion la malhonnêteté d'une très grande partie du milieu intellectuel parisien qui a activé ses réseaux pour lancer contre moi une campagne de calomnie qui mélangeait les insultes aux attaques *ad hominem* – « pédophile refoulé » ne fut pas la moindre... L'antisémitisme fut évidemment massivement convoqué pour me salir. Je n'en retiens qu'une leçon : les attaques ont plus sali ceux qui les ont lancées que moi. Mais j'ai été ébahi par l'état mental des activistes de la cause freudienne...

Cela étant dit : j'ai montré que l'inconscient freudien était l'inconscient de Freud élargi à la totalité des vivants. Le complexe de castration, le dispositif œdipien, le banquet cannibale à l'origine de la loi, le viol de la première femme par le premier homme et la transmission du souvenir de ce viol, l'hypersexualisation des rêves, l'obsession de la masturbation – tout cela procède d'une universalisation du particulier qui a été obtenue par Freud avec méthode, autrement dit : à la façon d'un mafieux qui veut contrôler un quartier de la mégapole…

Je ne souscris donc pas à cet inconscient immatériel qui se transmettrait, *comme le péché originel*, de façon métapsychologique *via* la « phylogénèse » ! Freud sollicite un concept scientifique pour faire passer une hypothèse de pensée magique ! Comment de l'immatériel pourrait-il se transmettre de façon matérielle et rester immatériel une fois la transmission effectuée ? Comme disait mon père, que je convoque pour faire se lever l'oreille freudienne : « C'est encore plus fort que de jouer au bouchon » !

Je ne souscris donc pas aux fariboles, pardonnez-moi l'expression, de la psychogénéalogie qui suppose que, même si l'on ignore qu'on a eu un aïeul incestueux dans la famille, l'inconscient, lui, s'en souvient et travaille le corps de l'héritier trois siècles plus tard. Une mémoire sans transmission, voilà qui relève de la farce !

La lecture psychanalytique de la Bible est pour moi le comble du déraisonnable : elle consiste à aborder des textes qui récusent la raison avec une prétendue méthode qui la récuse plus encore ! L'exégèse psychanalytique de la religion, c'est, si vous me permettez l'image, la prise du pouvoir dans la maison des fous par le plus fou d'entre eux ! Car Jésus qui ne parvient pas à tuer son père qui est Dieu, mais souhaiterait coucher avec sa mère qui n'a déjà pas couché avec son autre père pour le concevoir puis qui fut vierge et mère en même temps, voilà bien en effet un pataquès familial qui permet à Freud de ne pas se sentir trop éloigné de chez lui !

Vous me questionnez sur la raison. J'en profite pour aborder le sujet : la « Raison » n'est pas pour moi une idole majuscule, car, je ne vous cache rien, vous savez que je ne suis pas idéaliste, je serai donc le dernier à en faire un concept à l'état pur. La « Raison » qui apparaît et qui triomphe contre le « Mythe », une fois dans la Grèce de Périclès, une autre dans la France des Lumières, très peu pour moi… La France dite « des Lumières » fut ténébreuse sur plus d'un point quand Robespierre s'en fit le bras armé !

La raison est pour moi un outil – et non un dispositif. Et, de la même manière qu'un marteau peut servir à construire une maison, il peut également servir à défoncer le crâne de celui qui est en train de la bâtir… Il y eut des usages déraisonnables de la raison, la littérature de 1793 ou celle du marxisme-léninisme par exemple, sinon du freudisme et du lacanisme, et des usages irrationnels de la raison bien que producteurs de sens – je songe à l'œuvre de Bergson que j'apprécie grandement. Ou à celle de Deleuze qui fit de la raison un usage, disons, psychédélique et haschichique…

La raison arrive *après* la sensation, l'émotion, la perception – comme une occasion de mettre de l'ordre dans ce qui a été *physiquement* senti, perçu, éprouvé – affaire d'idiosyncrasie, dirait Nietzsche avec ce mot qu'il affectionnait, affaire de complexion biographique.

Prenons *Le Penseur* de Rodin. Cette sculpture est physiquement et ontologiquement fautive : aucun penseur ne pense nu, d'abord, si je puis me permettre ce clin d'œil, encore moins assis, la tête inclinée reposant sur son poing, le regard perdu dans le vague ; du genre : « Je pense, donc je suis, m'y voyez vous ? » On ne se met pas en position anatomique de penser – même remarque avec le *Philosophe en méditation* de Rembrandt…

On fait quelque chose (cuisiner, marcher, somnoler, manger, voyager…), et la pensée vous tombe dessus. Le moment philosophique le plus emblématique de cette hypothèse est la vision que Nietzsche a de l'éternel retour dans ce paysage sublime de Haute-Engadine : il marche, et l'idée fond sur lui comme la foudre. *Alors, il sait.* Tout cela a certes été préparé par des lectures, des réflexions, des méditations, des écritures lancées puis lâchées dans une chair qui effectue le travail en silence.

A posteriori la raison sert à mettre des mots, à nommer ; à analyser, préciser, développer, théoriser ; elle sert *surtout* à justifier, à donner à une intuition venue d'on ne sait où, mais du corps, l'allure et la forme d'une vérité présentable dans les canons de la discipline – littéraire, poétique, philosophique, théologique, esthétique, etc.

Par exemple : saint Thomas d'Aquin croit dans le Dieu catholique. Serait-il né en Perse à la même époque qu'il aurait cru à Mahomet. Aurait-il vu le jour à Saint-Germain-des-Prés au début du XXe qu'il n'aurait probablement pas cru en Dieu et qu'il aurait théorisé son athéisme avec les formes du moment qui étaient phénoménologiques – disons-le autrement : dans un autre temps en un autre lieu Thomas d'Aquin se serait appelé Jean-Paul Sartre… Thomas arrive dans un monde où la scolastique fait la loi. Il s'y met dans les formes requises par l'époque. Il construit sa *Somme théologique* (certains disent : comme une cathédrale gothique, ça n'est pas faux…) avec cet embrouillamini formel afin de dire que la raison prouve que Dieu existe. Cette raison ne prouve qu'à ceux qui croient déjà.

Quelles sont ses limites ? Hélas, elle n'en a aucune et n'en reconnaît aucune… Elle ose tout, c'est d'ailleurs à cela qu'on la reconnaît si je puis dire ! Alors que je cherchais France Info sur ma radio, je suis tombé sur une station catholique d'extrême droite où j'ai entendu le plaidoyer d'une heure (c'était tellement désopilant que je suis allé jusqu'au bout...) d'un prêtre qui se disait épistémologue (!) et qui expliquait que le carbone 14 disait faux sur le suaire de Turin puisqu'un pape du Moyen Âge avait décrété que ce morceau de tissu avait enveloppé le corps du Christ. Or, comme cette Sainteté était inspirée par le Saint-Esprit, elle ne pouvait errer et dire faux ! Cette heure était à hurler de rire pour un athée – et à se mettre à genoux pour un croyant probablement. Mais il fut fait, pendant soixante minutes, un usage radicalement irrationnel et déraisonnable de la raison qui a certainement valu à cet épistémologue en peau de lapin du courrier de félicitations chez les intégristes et peut-être aussi quelque apoplexie à un auditeur de la Libre-Pensée égaré sur ces ondes.

La raison est donc un instrument qui ne vaut qu'en fonction de la cause qu'elle défend : la raison jacobine de 1793, la raison futuriste, la raison surréaliste, la raison marxiste-léniniste, la raison trotskiste, la raison nationale-socialiste, la raison freudienne, la raison maoïste, la raison structuraliste, la raison lacanienne, la raison déconstructionniste ont été déraisonnables et nihilistes. Comme avaient été déraisonnables la raison patristique, la raison scolastique, la raison réaliste médiévale, etc. Pour ne pas vous blesser je vais éviter d'ajouter à ma liste la raison judéo-chrétienne ou bien la raison juive et la raison chrétienne – mais comme j'use ici d'un formidable exemple de prétérition, je ne vais pas plus loin…

Venons-en à Job. Ou plutôt : revenons-en à Job. Je le reprends, je le relis, je reviens vers vous. (Une didascalie du genre : « Il le reprend, il le relit, il revient vers vous » pourrait ici trouver sa place… Donc, je reviens après voir relu pour vérifier ce que j'avais lu, déjà, et dont je me souvenais.)

J'aime vraiment ce texte qui pose la question du mal de façon casuistique et non de façon théorique, sèche, désincarnée comme si souvent avec les traités de philosòphie. Il n'en reste pas moins que c'est un texte obscur, donc complexe.

Vous parlez des « faux amis » de Job. Mais où, quand, comment et de quelle manière montrent-ils qu'ils sont de faux amis ? Un faux ami se montre inamical ; il manque aux devoirs de l'amitié qui sont compassion, sympathie, proximité, compréhension, complicité, mais aussi vérité, justice et justesse ; où Eliphaz de Témân, Bildad de Chouah, Sophar de Naama se montrent-ils de faux amis ? Nulle part. Au contraire. Ils manifestent de l'affection, de l'affliction, de la peine ; ils restent sept jours avec lui dans le silence ; ils viennent, nous dit le texte, « pour le plaindre et le consoler » (2, 11) ; ils pleurent, déchirent leurs vêtements, répandent de la poussière sur eux, autrement dit :

ils manifestent leur empathie selon les règles en usage à l'époque – j'aimerais avoir des amis si inamicaux !

Ce qui me paraît plus important dans ce texte, c'est le pacte que Dieu passe avec le diable, car, oui, « le Satan » comme il est dit (1, 6), s'entretient avec Dieu et lui propose de mettre Job à l'épreuve : Dieu dit à Satan, comme ça, en passant, car Il discute avec lui comme avec un copain ou un interlocuteur qui ne pose pas de problème : « As-tu remarqué mon serviteur Job ? Il n'a pas son pareil sur la Terre : homme intègre et droit, craignant Dieu et s'écartant du mal » (1, 8). Que fait Satan? Son boulot – son *job.e* comme dirait l'éminente freudienne Élisabeth Roudinesco… Il provoque Dieu qui, Lui, contre toute attente (*à moins que…*), obéit à Satan en entrant dans le jeu de sa provocation. Satan dit : « Veuille avancer la main et frapper ce qui est à lui ; à coup sûr, il te maudira en face » (1, 11). Sous entendu : mets-le à l'épreuve, et tu verras combien sa foi est surfaite… Et Dieu d'entrer dans la combine. Il impose juste une condition à son copain aux pieds fourchus : « Soit ! Tout ce qui est à lui est en ton pouvoir [*sic !*] ; sur lui seulement n'avance pas la main » (1, 12) – autrement dit : fais-le souffrir si tu veux, mais ne le fais pas mourir… Bonté divine !

Qu'est-ce que ce Dieu qui tombe dans le piège de Satan ? Je vous le demande. Qu'est-ce que ce Dieu qui suce la roue du diable ? qui accepte ses plans démoniaques – c'est le cas de le dire... Qui ne recule pas devant le fait de mettre à l'épreuve un homme « intègre et droit, craignant Dieu et s'écartant du mal » (1, 1) ? Qu'est-ce que ce Dieu, dis-je, si ce n'est un Dieu *méchant* ?

Dieu apparaît et vient régler le problème parce que tout cela tourne en rond. Il commence par donner une leçon à Job : Qui es-tu, toi, pour douter de moi ? Que faisais-tu, toi, quand je créais le monde ? Et Dieu de longuement montrer ses biceps dans d'interminables versets : j'ai fait ceci, j'ai fait cela, j'ai aussi fait cette autre chose, et toi ?

Elihou, qui est le porte-flingue de Dieu, a déjà joué l'estafette : « Dieu n'agit pas en méchant » (35, 12), il fait le bien et châtie le mal. Mais le problème que n'aborde pas Elihou ici est : *Quid quand Dieu punit le bien, comme c'est le cas avec Job ?* Car « l'ulcère malin depuis la plante des pieds jusqu'au sommet de la tête » (2, 7) que Dieu lui envoie, c'est pour récompenser quel mal ? Ou pour punir quel bien ? Dieu agite les monstres qu'il a créés, Léviathan et Béhémoth. En fait, Dieu ne raisonne pas, n'aime pas, n'explique pas, ne convainc pas, il s'impose – dès lors, s'Il veut infliger un ulcère à un homme vertueux, Il le fait.

Cet immense poème lyrique qu'est le Livre de Job est un hymne à la force de Dieu – un hymne de Dieu à la force, un hymne de Dieu au dieu de la Force. Je n'aime pas ce Dieu qui inflige des cancers pour montrer Sa toute-puissance sur les humains quand il serait plus grand encore en n'ayant pas inventé le cancer.

Job aura la bêtise, ou la faiblesse, de se prosterner. Pour le récompenser, Dieu le fera vivre encore cent quarante ans (42, 16). Dieu plie, casse et brise tout ce qui ne se prosterne pas devant lui. Un Dieu qui distribue le cancer pour savoir si on l'aime quand même est pour moi le dieu du Cancer. Autrement dit : un cancer lui-même… Or, sans être Dieu et sans même y croire, je souffre à la souffrance des hommes. Job est mon prochain. Pas Dieu. Et j'ajouterais volontiers mon discours à celui de ses trois amis. Je ferais bien le quatrième larron…

Michaël Azoulay : Le verset de la Genèse (3, 15) que vous citez ne fait pas dialoguer Dieu et Adam, mais Dieu et le serpent.

Ce sont certains commentateurs qui y voient un discours de Dieu adressé à l'homme ; à votre insu, vous faites primer le commentaire sur le texte. Ce verset prolonge en effet la parole vindicative de Dieu au serpent. Vous constaterez que Dieu maudit successivement le serpent, la femme, l'homme et la Terre. Il s'agit donc de l'inimitié pérenne entre le serpent et la femme ainsi qu'entre leurs descendants. « Elle t'écrasera la tête [celle du reptile], et toi [le reptile], tu la mordras au talon. » Seconde précision, l'exégèse du Targoum Onkelos relative à la descendance rebelle qui paierait pour les péchés de ses parents ne concerne pas le récit d'Adam et Ève mais celui de Moïse devant qui Dieu révèle ses attributs de miséricorde (Exode 34, 6 et 7). Ce passage se situe à la suite du péché du Veau d'or. La Bible n'emploie jamais l'expression de « péché originel ». Les châtiments qui s'attacheraient désormais à la condition humaine ne sont nullement transmissibles de manière inéluctable. Nulle interdiction à une femme d'accoucher sous péridurale, récusant ainsi l'enfantement avec douleur (promis dans Genèse 3, 16), ou à un homme d'être rentier en contradiction avec la fatalité de manger son pain à la sueur de son front (Genèse 3, 19). Il n'y a donc pas non plus de domination masculine à laquelle la femme devrait se soumettre (Genèse 3, 16).

Quant à votre étonnement que l'homme puisse « être supérieur à Dieu en matière de vérité et de sens », le modeste talmudiste que je suis n'y voit là aucun crime de lèse-majesté. Bien au contraire, plusieurs passages talmudiques font état de débats entre l'homme et Dieu d'où le premier sort victorieux avec l'assentiment, voire l'enthousiasme du perdant. « Dieu est en quête de l'homme », pour reprendre le titre du livre d'un célèbre penseur juif américain, Abraham Heschel (1907-1972), plus que l'homme serait en quête de Dieu. Ainsi, une longue controverse juridique entre deux sages du Talmud semble s'achever lorsqu'une voix divine tranche en faveur d'un des deux adversaires. Le désavoué s'écrie alors : « La Torah n'est pas dans les cieux ! » Et Dieu s'avoue vaincu et s'exclame : « Mes enfants ont eu raison de moi ! »[1]

1. Talmud de Babylone, traité *Baba metsia*, page 59, folios a et b.

En donnant Sa Loi, en laissant aux hommes le soin de l'interpréter, de se l'approprier et de l'humaniser, Dieu s'en est, d'une certaine manière, dépossédé.

J'ajoute que lorsque j'ai évoqué les rapports entre Bible et psychanalyse, je ne songeais pas seulement aux interprétations psychanalytiques relatives à la partie narrative de la Bible (votre présentation de l'exégèse psychanalytique sur les rapports (excusez le jeu de mots) entre Jésus, ses pères et sa mère, est truculente), mais également aux lectures psychanalytiques de sa partie normative. Moussa Nabati, thérapeute, docteur en psychologie, et qui est par ailleurs un ami, a écrit un livre au titre évocateur : *Ces interdits qui nous libèrent* (2007). Il y tente de réconcilier la religion, en particulier le judaïsme, et la psychanalyse, après avoir relevé tout ce qui les sépare, en soutenant que les interdits religieux prémunissent l'être humain contre deux excès : la dépression et la perversion, c'est-à-dire l'absence de désir et l'excès de désir. Prenons l'exemple de la sexualité. Le judaïsme ne prône ni le célibat ni l'abstinence puisque la sexualité permet l'accomplissement du premier commandement biblique mais tout n'est pas pour autant permis en matière de pratiques sexuelles : inceste et adultère sont réprouvés, et un couple doit observer une période d'abstinence sexuelle chaque mois, se séparer afin de mieux se retrouver car cette distanciation est censée réactiver le désir mutuel.

Revenons à présent à ce qui nous sépare quant à la confiance éperdue que vous accordez à la raison. Raison, qui, selon vous, n'aurait aucune limite et n'en reconnaîtrait aucune. Vous définissez la raison comme un outil, mais vous faites fi de l'intellect, lui-même outil de la raison. Or, considérez-vous que l'intelligence humaine serait sans limites ? À la forme d'absolu qu'est Dieu vous substitueriez alors l'Homme rationnel ?

Et pourquoi omettre dans votre liste de « raisons déraisonnables » la raison athéiste qui aurait, seule, l'apanage du bon sens ?

Enfin, je dois m'expliquer sur le fait d'avoir qualifié de « faux amis » les amis de Job. Cette expression s'origine dans un texte talmudique qui leur reproche d'avoir ajouté de la peine, de la souffrance morale, à la peine ressentie par Job accablé de tous les maux, en justifiant ces derniers par ses péchés. Il ne subirait que ce qu'il mérite ! Quelle violence supplémentaire pour un homme déjà tellement violenté par la vie !

Le judaïsme récusant tout dualisme ne voit pas dans le Satan une figure autonome, une sorte de Diable indépendant de Dieu, voire son rival, mais une accusation personnifiée, un Accusateur que Dieu ne saurait ignorer. C'est comme si Dieu se parlait à lui-même, en pesant intérieurement le pour et le contre dans une situation donnée. Ce qui renforce votre interrogation puisque le mal serait un aspect inhérent à la divinité…

Il n'en demeure pas moins que le motif invoqué par le Satan pour persuader Dieu de le laisser éprouver Job est très perturbant pour le croyant qui pense servir Dieu alors qu'il ne fait que *se* servir, que le seul but plus ou moins avoué de sa pratique religieuse est de s'attirer les bénédictions du Ciel ou de s'assurer sa protection. Il ne faut pas sous-estimer cette leçon majeure. Je persiste à penser que le discours que tient Dieu à Job renvoie l'être humain à sa petitesse, à sa raison insignifiante face à des questions existentielles telles que celles soulevées par les souffrances indicibles de la vie. Vous avez raison : Dieu n'explique pas, il s'impose, il juge ne pas avoir à se justifier. Il se peut aussi qu'il estime qu'un hiatus subsisterait toujours entre la réponse et la situation de souffrance vécue non résorbable dans un discours, si rationnel soit-il. Nous en tirons une conclusion diamétralement opposée. Vous concluez à l'inexistence de Dieu tandis que je conclus à une existence problématique, qui suscite peut-être plus de questions qu'elle n'en résoud et qui induit une existence inconfortable parce que nous ne trouvons pas réponse à tout. Je ne ferai pas l'erreur des amis de Job. L'évocation de l'enfer vécu par votre compagne et par vous n'appelle de ma part aucune autre forme de réponse que la vôtre : celle de souffrir à la souffrance des hommes.

MICHEL ONFRAY : Bon, puisque, comme vous me l'écrivez, lors de débats entre l'homme et Dieu, il arrive que, quand c'est l'homme qui gagne, Dieu manifeste l'« enthousiasme » du perdant, je me vois dans l'obligation de vous confesser un enthousiasme du même acabit ! Moi qui, en effet, ai du mal à concevoir que Dieu puisse parler, premier point, parler à un serpent, deuxième point, se faire entendre et comprendre par un serpent, troisième point et, quatrième et dernier point, avoir une conversation intellectuelle suivie avec un serpent, je suis un peu perdu quand des humains, et quels humains ! puisqu'il s'agit des premiers, entrent dans la conversation. Dès lors que la scène met en relation Dieu, un serpent, Adam et Ève, convenons que, du point de vue de la dramaturgie, c'est réussi, mais que l'intelligence de la situation s'avère complexe – qui plus est avec un texte traduit, puis traduit de traductions...

Mais ce qui me réjouit, voire m'enthousiasme, c'est que nous sommes à front renversé : je faisais de la théologie (du moins je croyais en faire, mais j'avais un verset d'avance...) alors qu'il fallait faire de l'herpétologie : Dieu maudit donc le serpent et la femme... Et ce pour l'éternité. Mais à quoi bon maudire le serpent puisqu'il était déjà la figure maudite en tant que parole satanique ? Dieu avait-il besoin d'attendre que le mal (Il le sait, Il le connaît, puisque c'est Lui qui l'a créé, non ?) soit pour le maudire ? Ou plutôt : que le mal *se montre* et non pas « soit », car, avant même de se montrer, il était *déjà* le mal.

Il n'en reste pas moins que, si cette damnation visible et lisible (en 3, 15) concerne bien le serpent et sa descendance, une même damnation concerne les humains et leur descendance, il suffit d'attendre le verset suivant (3, 16), quand Dieu parle à la femme cette fois-ci, puis à l'homme (3, 17), avant de les chasser du paradis afin qu'ils mènent une vie de souffrance et de douleur, de peine et de travail, etc. Une vie de Job...

Certes, l'expression « péché originel » ne se trouve pas dans le texte comme telle, mais, si le signifiant manque, le signifié y est bien... Le mot fait défaut mais la chose est bel et bien là. Pour ma part, je suis moins soucieux de mots que de choses – je crois à la priorité des choses sur les mots qui arrivent ensuite, après, de façon secondaire. Au Moyen Âge, j'aurais été un « nominaliste » et vous, un « réaliste » – comme on le dit à contre-emploi du sens contemporain et trivial. Qu'un animal des profondeurs abyssales soit découvert un jour et que, du fait qu'on le découvre, il n'ait pas encore de nom ne suffit pas à faire qu'il ne soit pas ! La chose n'a pas besoin du mot pour être. Mais les croyants, les philosophes idéalistes et spiritualistes croient à des mots qui existent sans les choses qui devraient les accompagner. À des idées sans autre réalité que leur abstraction. À des concepts sans autre vérité que leur idéalité. À des signifiants sans signifié. Et ceux qui croient à des couteaux sans manche auxquels il manque la lame, pour détourner un célèbre aphorisme de Lichtenberger, se font fort de disserter longuement sur les qualités et les attributs de cette lame inexistante et de ce manche manquant, sur l'essence de cette lame inexistante et de ce manche manquant, sur la substance de cette lame inexistante et de ce manche manquant, sur l'être, l'étant et l'étantité de cette lame inexistante et de ce manche manquant, etc. On trouve ensuite des théoriciens de *ce qu'on peut couper* avec cette lame inexistante sur ce manche manquant qui s'étripent avec des philosophes qui expliquent *ce que ne peut pas couper* cette lame inexistante fichée sur ce manche manquant ! J'ai l'impression que ces discussions sur ce fameux couteau sont celles qui constituent l'ontologique, la métaphysique et la théologie, trois domaines qui ont plus que débordé sur la philosophie et qui l'on teintée, pour ne pas dire contaminée. La patristique, la scolastique ont régné pendant mille ans et l'idéalisme allemand a pris la suite, avant la phénoménologie allemande puis la française puis le structuralisme. Ces moments de la pensée occidentale sont autant d'avatars platoniciens !

Je n'ai bien sûr pas lu l'exégèse du Targoum Onkelos – dont j'avoue avoir découvert l'existence grâce à vous... Il n'en reste pas moins que le « péché originel », même si le *mot* n'est pas dans la Genèse, nomme bien une *chose* qui s'y trouve et que les juifs ne récusent pas ce texte ! Que l'expression fasse défaut, que la damnation ne se trouve pas à tel verset mais au suivant ne change rien à l'affaire : il y avait un paradis, il y a un geste, goûter du fruit défendu par Dieu de l'arbre de la connaissance, ce qui constitue le péché originel, le tout suivi par la punition que l'on sait. Car c'est une série de punitions que Dieu inflige à Adam et Ève après leur désobéissance... Et je persiste à croire que ce péché originel est ce qui constitue la basse continue de notre civilisation judéo-chrétienne.

Vous pointez chez moi une « confiance éperdue » en la raison. J'ai dû mal m'exprimer ! J'ai dit qu'elle était capable de tout justifier, y compris l'injustifiable, mais pas que j'avais confiance en elle quoi qu'elle fasse. Il y a une raison ontologique, une raison métaphysique, une raison théologique, et elles font des merveilles – dans l'art, souvenez-vous, de disserter sur le couteau sans lame auquel il manque le manche ! Le *Parménide* de Platon, la *Métaphysique* d'Aristote, la *Somme théologique* de Thomas d'Aquin, *Être et temps* de Heidegger sont des chefs-d'œuvre de coutellerie ! J'avoue n'avoir jamais été sensible à cette littérature.

La raison est un instrument et pas obligatoirement un *instrument critique*, elle peut être aussi un *instrument thuriféraire* (permettez-moi de transformer ce substantif en épithète) au service de Dieu ou de sa négation, du bien ou du mal, du vrai ou du faux, du beau ou du laid. Sartre a excellé dans la raison stalinienne, Heidegger dans la raison nationale-socialiste, Guitton dans la raison pétainiste, Sollers dans la raison maoïste, un très grand nombre d'intellectuels des années 1970 dans la raison pédophile, etc. On ne dira pas que ces discours manquaient d'argumentation, de rhétorique, de démonstrations, d'arguties, de preuves. C'était la raison – qui n'est pas forcément la *raison des Lumières* qui, elle, est un moment particulier dans l'histoire de la raison. Et encore faudrait-il montrer combien ces raisons des Lumières avaient leurs limites – notamment chez Kant dans son opuscule *Qu'est-ce que les Lumières ?* qui invite à un usage privé des Lumières mais pas public si l'ordre, même injuste, surtout injuste, doit s'en trouver affecté…

Dès lors, l'affect prime. L'affect, la sensation, la perception, l'émotion sont premiers. C'est affaire d'idiosyncrasie ai-je écrit à plusieurs reprises dans notre correspondance. Une éducation, une enfance, des rencontres, des manques, un milieu, une époque, une famille, un siècle, etc., et une subjectivité se constitue comme une singularité qui percevra puis activera la raison, sa raison, pour justifier et légitimer ce que son corps lui aura appris. Nietzsche l'a dit dans son *Zarathoustra* : « Le corps est la grande raison. » Il est premier, la raison seconde.

C'est d'ailleurs ce que raconte notre échange : vous croyez en Dieu, moi pas, et chacun avec notre raison nous tâchons d'expliquer à l'autre pourquoi nous avons... *raison* ! Ou, disons-le d'une autre manière, ce que sont nos raisons qui nous font croire que nous avons raison. La raison est un instrument dangereux, car elle dispose d'un indéniable pouvoir de fascination, de séduction, d'envoûtement. On sait désormais combien le dictateur peut emporter les foules derrière lui avec sa raison.

Je ne manifeste donc pas une « confiance éperdue » dans la raison, mais une infinie méfiance ! Je crois moins dans la formation à la raison que dans la formation de l'être qui aura à se servir de sa raison. Car, si cet instrument est au service d'une mauvaise cause, il produira de mauvais effets. En revanche, s'il sert une bonne cause, il générera de bons effets.

Dès lors, il me semble avoir répondu à votre question sur les relations de l'intellect et de la raison : l'intellect est la faculté à appréhender le monde en tant que jeu de causes et d'effets. Il met en relation *ceci* et *cela* alors que ces deux instances semblaient n'entretenir aucune relation. Il voit d'où viennent les choses et où elles vont. Il inscrit le réel dans une chaîne causale. Il est l'instrument de la dialectique. C'est une qualité qui s'enseigne, mais pour la pratique de laquelle il existe des gens doués ou non.

Il fut un temps où l'école apprenait à lire, écrire, compter, penser. Elle faisait travailler la mémoire. Elle enseignait l'analyse logique, la grammaire, le style, la syntaxe. Elle initiait au latin et au grec, aux textes anciens et aux langues étrangères. Elle constituait et structurait donc un intellect, à quoi s'ajoutait le talent, ou non, du sujet enseigné.

Aujourd'hui, l'école se propose moins de former à l'art d'apprendre qu'à celui de formater un sujet. On n'enseigne plus la raison, encore moins la raison critique, mais le bien et le mal du moment – la plupart du temps, ce sont les fausses valeurs du politiquement correct. Ce qui n'est pas appris n'est pas su. L'intellect et la raison ne sont pas appris au contraire du catéchisme d'une prétendue modernité. Jamais une époque n'a eu à ce point les moyens de formater les consciences, les raisons, les intellects et les jugements. Orwell est le prophète de ce qui advient. Dieu n'y a plus sa place.

Dès lors je ne peux pas souscrire à cette proposition : « Avec ou contre Dieu mais pas sans Dieu », car elle oblige à se positionner par rapport à Dieu. Elle y contraint. Et je persiste à penser que c'est à celui qui avance qu'une chose existe d'en apporter la preuve et non à celui qui n'y croit pas. Si je vous disais que, lors de mon dernier trajet en train, j'ai voyagé avec une licorne et que notre conversation m'a beaucoup appris, il me semble que ce serait à moi de vous en apporter la preuve et que l'existence de cette licorne ne saurait être prouvée par l'incapacité dans laquelle vous vous trouveriez à me prouver qu'elle n'existe pas. La charge de la preuve incombe à celui qui affirme – pas à celui qui n'a aucune raison de croire aux fables, aux mythes, aux histoires qu'on lui raconte.

Peut-être aurions-nous dû commencer notre conversation par ce questionnement. Avouez que pareille remarque constituerait une excellente conclusion à notre échange, à défaut d'en avoir été l'introduction ! L'être et le non-être, voire le pas-être de la licorne, voilà la question…

GLOSSAIRE

Certaines entrées de ce glossaire reprennent les définitions d'*Éthiques du judaïsme* publié en 2019 par le rabbin Azoulay aux éditions La Maison d'édition.

Ashkénaze
Juif d'Europe centrale et d'Europe de l'Est. De nos jours, environ 70 % de la population juive mondiale est ashkénaze.

Bar-mitsvah
Littéralement, « fils du commandement ». Cette expression désigne le garçon qui accède à la majorité religieuse à l'âge de treize ans. Il devient alors tenu d'observer les commandements du judaïsme.

Bat-mitsvah
Littéralement, « fille du commandement ». La jeune fille doit observer les lois juives lorsqu'elle atteint l'âge de douze ans.

Halakhah
Droit rabbinique afférent à tous les aspects de la vie et à toutes les branches du droit. *Halakhah* est un terme dérivé de *hlkh* qui signifie « marcher » en raison de la capacité de cette législation à répondre aux défis propres à chaque époque. Ses sources sont essentiellement le Pentateuque qui contient les six cent treize commandements (c'est la Loi écrite) et son interprétation (la Loi orale).

Hassidisme
Mouvement de renouveau religieux parti de Podolie au XVIIIe siècle, et dont l'initiateur serait Israël ben Éliézer Baal Chem Tov.

Michnah. *Voir* « Talmud ».

Midrach
Interprétation rabbinique de la Bible. La littérature midrachique est abondante et protéiforme, relevant soit du droit (la *Mekhilta*, par exemple), soit de la morale. *Derach* signifie « interroger », « rechercher ». Cette littérature remonte à différentes époques allant du IIe siècle au XIIIe siècle. *Genèse Rabba* et *Lévitique Rabba* ainsi que *Chir ha-chirim* (« Cantique des cantiques ») *Rabba* font partie des plus anciens *Midrachim*.

Rachi (1040-1105)
Acronyme de rabbi Chlomo (Salomon) Yitsh'aki, Rachi, dont l'influence s'étendit au-delà du monde juif. Il est le plus célèbre commentateur de la Bible et du Talmud à tel point que les étudier sans recourir à son exégèse est presque inconcevable. Ses milliers de mots en vieux français sont une source précieuse pour les spécialistes de l'ancien français. Il est né à Troyes en Champagne.

Responsa
Terme latin (*responsum*, au singulier) qui désigne les réponses écrites à des problèmes juridiques relevant du droit hébraïque apportées par des autorités rabbiniques expertes. Ces questions sont soulevées par des individus ou des communautés. Cette source de droit a pris naissance à l'époque du Talmud et n'a cessé de se développer jusqu'à nos jours. En effet, avec la diaspora juive se posa le problème de la préservation de l'unité religieuse et nationale des communautés éparpillées. Touchant à tous les aspects de la vie juive, les *responsa* contribuent à l'unification du judaïsme, à son actualisation et à la création d'une jurisprudence consultée par les rabbins confrontés aux mêmes questionnements. L'analogie est la méthode de prédilection. Avec la proclamation de l'État d'Israël en 1948, il a fallu créer une nouvelle catégorie de *responsa* pour traiter des questions religieuses soulevées dans le

contexte d'un État juif et ne concernant plus les seuls individus.

Sanhédrin
Haute cour de justice composée de soixante-dix juges en session plénière datant de l'époque du Second Temple de Jérusalem. Le Talmud fait remonter cette institution aux soixante-dix sages qui assistaient Moïse dans la gouvernance du peuple hébreu.

Séfarade
Juif du Maghreb et d'Orient. À l'origine, ce terme ne recouvrait que les Juifs d'Espagne et du Portugal.

Talmud
Terme qui dérive du mot hébraïque *Talmoud* qui signifie « étude ». Il constitue avec la Bible, et même bien plus que la Bible, l'autre source principale du judaïsme. Il comprend deux parties : la *Michnah* (« enseignement ») et la *Guemara*, terme araméen qui veut dire « enseignement complémentaire ». Élaborée sous la domination romaine sur la Palestine, la *Guemara* constitue le développement et le commentaire détaillé de la *Michnah*, publiée vers 200 après Jésus-Christ et qui perdit de sa clarté au cours des siècles. Le Talmud se présente comme un compte rendu exact et très concentré de toutes les discussions et opinions relatives à chaque chapitre

de la *Michnah* au cours de réunions biennales de savants en grandes assemblées à Soura, en Babylonie. Le Talmud babylonien fut clos vers l'an 500 après Jésus-Christ et jouit d'une autorité prédominante. À côté du Talmud de Babylonie se trouve le Talmud palestinien, le *Talmud Yérouchalmi* (« littéralement « Talmud de Jérusalem »), rédigé vers 400 après Jésus-Christ, qui ne s'est pas imposé à l'égal du Talmud de Babylonie.
La *Guemara* comporte deux parties : une partie essentiellement juridique dénommée *Halakhah*, source de l'ensemble des lois juives, ayant seule un caractère obligatoire, et une partie *Aggadah*, terme araméen signifiant « récit », qui touche à des domaines aussi divers que l'histoire, la philosophie, la théologie, l'éthique, etc., et qui représente près des deux tiers de la *Guemara*. L'accès au texte talmudique dans sa version originale s'avère très ardu, même pour l'hébraïsant, en raison du langage araméen, de l'absence de ponctuation et d'un style lapidaire doublé de raisonnements subtils qui obligent l'étudiant à deviner ce que suggère implicitement le Talmud. L'intelligence, la concentration, l'aptitude à l'abstraction sont quelques-unes des qualités requises pour pénétrer dans l'univers talmudique.

Torah
Ce terme désigne le Pentateuque, mais il peut être employé pour parler plus largement des textes

religieux du judaïsme dans leur ensemble dont l'étude constitue un commandement primordial. Le rabbin Adin Steinsaltz (1937-2020) définissait le judaïsme comme une religion reposant sur un triptyque. Comme les autres religions elle comprend des rites et des croyances mais s'y ajoute l'étude des textes qui est d'égale importance.

Guemara. *Voir* « Talmud ».

Zohar

Le livre du *Zohar* (« Splendeur ») est considéré comme l'œuvre majeure de la mystique juive. La tradition juive l'attribue à Rabbi Siméon Bar Yo'haï, sage de la Michnah du IIe siècle après Jésus-Christ environ, tandis que les historiens de la mystique juive tels que Gershom Scholem en attribuent la paternité à Moïse de León (XIIIe siècle apr. J.-C.).

Bouquins essai

François Bazin, *L'ai-je bien descendu ? Les politiques dans le viseur des écrivains*
Léon Blum, *Du mariage*
Sébastien Bohler, *Human psycho*
Collectif Les 40, *Manifeste pour une échelle humaine*
Jean-Louis Debré, *Quand les politiques nous faisaient rire*
Maroun Eddé, *La Mémoire coupable*
Nelly Garnier, *La Démocratie du like*
Jonathan Hayoun et Judith Cohen Solal, *Zemmour et nous*
Blanche Leridon, *Odyssées ordinaires. Le matin mode d'emploi*
Nicolas Leron, *Souveraineté, l'obsession des nations*
Edgar Morin, *Histoire(s) de vie. Entretiens avec Laure Adler*
Michel Onfray, *La Conversion. Vivre selon Lucrèce*
Michel Onfray, *La Nef des fous I* et *II*
Michel Onfray, *L'Art d'être français*
Michel Onfray, Éric Naulleau, *La Gauche réfractaire*
Pascal Ory, *De la haine du Juif*
Emmanuel Pierrat, *Les Nouveaux Justiciers. Réflexions sur la cancel culture*
Céline Pina, *Ces biens essentiels*
Frédéric Potier, *Pierre Mendès France. La foi démocratique*
Jean-Marie Rouart, *Ce pays des hommes sans Dieu*
Laurent-David Samama, *Ils se croient tous présidentiables*
Gabrielle Siry-Houari, *La République des hommes*
Sylvie Taussig, *Le Système du complotisme*
Benjamin Vendrand-Maillet, *Y croire encore*

Imprimé en France par CPI
en octobre 2022

MIXTE
Papier issu de
sources responsables
FSC® C003309

L'éditeur de cet ouvrage s'engage dans une démarche
de certification FSC® qui contribue à la préservation
des forêts pour les générations futures.

Pour en savoir plus :
www.editis.com/engagement-rse/

N° d'édition : 64641/01
N° d'impression : 171429